多世代との交流

趣味に取り組んだり，地域活動に参加したり，

働いたりすることで，社会とのつながりができます。

健康の維持や，生きがいの創出にもつながります。

生涯学習（しょうがい）

シニア大学

全国にある地方自治体や市区町村の福祉法人などが運営する高齢者教室のことです。学習活動は各シニア大学によって異なります。時代に適応するための知識を学ぶ講座や，その地域特有の文化を学ぶ講座など多種多様です。地域の仲間づくりや，交流なども行えます。多様な価値観・生き方を大切にする生涯学習として注目されています。

横浜シニア大学受講の様子

福祉サービスの利用

デイサービス

送迎

体操

レクリエーション

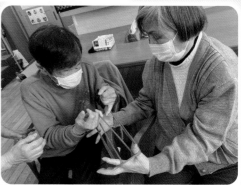

宅幼老所
（たくようろうしょ）

厚生労働省が推進を図っている
「地域共生型サービス」のひと
つです。
高齢者，障がい者や子どもなど
が同じ空間で家庭的な雰囲気の
中，過ごせる施設です。
（こうれいしゃ）（ふんいき）（しせつ）

自立を支える

食生活を助ける

持ちやすく工夫されたスプーン・箸

移動スーパー

買い物困難地域に住む方の買い物の支援を行うスーパーマーケットです。地域と連携しながら見守り活動をしている企業もあります。

アシストスーツ

介護者の負担を軽くします。

理学療法士
▶ p.180

作業療法士
▶ p.180

5

移動を助ける

シニアカー

歩行車

介護タクシー
かい ご

自力で移動することが困難な方
向けに送迎を行う訪問介護サー
そうげい
ビスの一種です。条件を満たせ
ば介護保険の適用が可能となり
ます。

車いす
▶ p.98

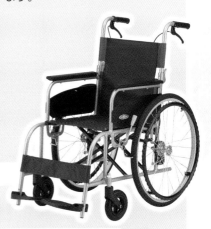

車いす（自走式）

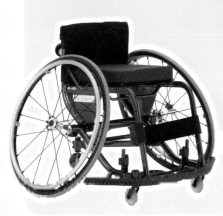

スポーツ用車いす（バスケットボール用）

通常の車いすよりも大きく外側タイヤが
開いています。

街のなかの
バリアフリー

音声で視覚障害者を
ガイドしてくれるアプリ

車両とホームの段差・隙間を
縮小した新幹線のホーム

車いすやベビーカーを
活用する乗客が
利用しやすいように
デザインされた車両

参道が舗装されている神社

生活と福祉

実教出版

介護実習

生活支援実習

Column コラム

QRマーク を掲載したページには, インターネット上に本書の学習に参考になるコンテンツを用意してあります。右のQRコードまたは以下のURLにアクセスしてご利用ください。アクセスするとメニュー画面が表示されます。

https://www.jikkyo.co.jp/d1/02/ka/seifu

※コンテンツ利用料は発生しませんが, 通信料は自己負担となります。

＊本書では, 「障害」の「害」の字にマイナスのイメージがあることから, 法律用語・病名・症状以外は「障がい」とひらがなで表記しています。

本書の構成

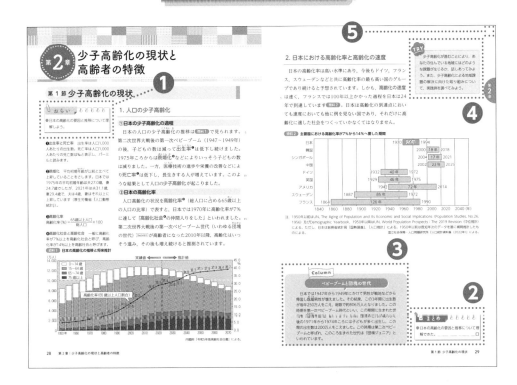

❶ **ねらい** < 各単元で学ぶことや到達目標を示しました。

❷ **まとめ** < 各単元で身につけた知識・技術について振り返ることができます。

❸ **Column** < 本文と関連したトピックスや最新の話題を取り上げました。
興味・関心が広がります。

❹ **TRY** < 思考力を養うために考えたり調査したりする活動を示しました。

❺ **QR** < このマークがあるページには, QRでアクセスできるコンテンツが用意してあります。p.4・裏表紙のQRコードからアクセスできます。

その他

◇確認問題◇ < 各章の学習内容の定着に役立てることができます。

やってみよう 深めよう < 前後の内容に関連づいたテーマを取り上げました。体験したり調べたりする活動, 考察を深める活動などを通して, 学習を深めることができます。

生活と福祉を学ぶにあたって

福祉とは

　人は何のために生活し，生きるのでしょうか？いうまでもなく，人は「幸せ」（ウェルビーイング）を求めて生活し，生きています。幸せに生活し，生きるためには，食事，排泄，睡眠などの生命維持の活動が欠かせません。また，そのためには経済的な基盤も重要になります。**福祉**とは，こうした人があたりまえに求める**幸せに生きる権利**を保障するため，その生活を支援する制度，サービスや実践ということになります。

生活とは

　それでは，生活とは何でしょう。生活とは，まさに言葉通り「**生きて**」「**活動していくこと**」です。生きるためには，食事，排泄，睡眠など生命維持に必要な活動をしなければなりません。このような生理的な活動は，**1次活動**とも呼ばれます。さらに，人は，家族や地域社会の関係性のなかで生きています。そのために，**2次活動**と呼ばれる，仕事，学業　家事，育児，買い物，通勤・通学などの義務的・社会的な活動にも従事します。そのうえで，余暇活動と呼ばれる**3次活動**として，休養，くつろぎ，趣味，娯楽，スポーツ，交際などの活動が成り立ちます。

　こうした活動は，24時間のリズムで営まれ，一部は生活上の習慣となり，その積み重ねが人生をかたちづくります。また，生活が営まれるためには，適切な「場」や「環境」，さらに「資源」も求められます。そして，生活は誕生→成長→成熟→老化→死にいたる人生の諸段階において変化します。しかし，加齢や障がいによって心身機能が低下すると，活動にさまざまな制約が生じ，その結果，生命維持そのものが困難となったり，他者との交流や社会とのつながりが分断されることになりかねません。また，生きる場や環境が，地球温暖化による気候変動やそれに伴う災害の増加などによって，将来的に持続可能でなくなる可能性も指摘されています。

これからの社会と福祉のあり方

近年「**生きづらさ**」という言葉をよく耳にします。物質的に豊かな社会であるはずの日本で，なぜ，「生きづらさ」が社会的な課題の1つとして挙げられるようになったのでしょうか。

かつて日本では家族や地域が相互に支え合う文化が根づき，終身雇用制度により安定した経済生活が保障されていました。しかし，こうした伝統的な機能や慣行は，経済発展やグローバリゼーションのもとで変化しています。わずらわしい人間関係から解放され，個人主義的な自由を求める人生が可能となる一方で，**不安定な就労**，**一人暮らし**，**社会的孤立**や**格差**が拡大し，世代を超えて**ひきこもり**，**虐待**，**自殺**なども増えています。また，多発する災害や世界の紛争も，私たちのあたりまえの生活に不安をもたらしています。

国連が提唱する「**持続可能な開発目標**」（SDGs）には，2016年〜2030年までの15年間で世界が達成すべき17の目標と169のターゲットが示されています。目標のなかには「**すべての人に健康と福祉を**」や「**住み続けられるまちづくり**」など，生活と福祉に直接関連するものが含まれます。こうしたグローバルな課題も視野に入れながら，あなたと身近な人たちの現在から未来へと続く生活が幸せなものとなるように，求められる社会や福祉のあり方を考えてみましょう。

パラリンピック選手の活躍

災害ボランティア活動に従事する高校生たち

第1章 健康と生活

第1節 健康に関する諸概念

ねらい

- QOLの概念や，QOLの向上のための考え方について理解しよう。
- 健康に影響を及ぼす要因や，健康格差縮小のための取り組みについて理解しよう。

❶**WHO（世界保健機関）** World Health Organizationの略。国際連合（国連）の専門機関の一つで，1948年に設立されました。すべての人が最高の健康水準に達することを目的とし，国際保健事業に取り組んでいます。

❷**ヘルスプロモーション** 人々の健康を維持・増進するために，WHOにより提唱された健康戦略で，「人々が健康で豊かな人生を送ることができるように，専門家や地域の人々が個人の健康づくりをサポートしたり，健康づくりを行いやすい環境をつくる活動や取り組み」と定義されています。健康を改善するための環境づくりや政策づくりなどを推進しています。

1. 健康とは何か

①身体的・精神的・社会的健康

世界的で最も有名な健康の定義は，WHO（世界保健機関）❶憲章の前文に記されている，以下の文です。

> 健康とは，身体的，精神的，社会的に完全に良好な状態であり，単に病気や虚弱でないということではない。

身体的に良好な状態を**身体的健康**，精神的に良好な状態を**精神的健康**，生活や人間関係が良好な状態を**社会的健康**といいます。身体的・精神的・社会的健康は，相互に関連しています。そのため，人の健康を理解するには，身体面だけでなく，精神面や社会面も合わせて，全体的に見る必要があります。このような考えを**全人的健康**といいます 資料1。

②ヘルスプロモーション

WHOの健康の定義は，病気や虚弱でないことが健康という考え（消極的健康）ではなく，完全に良好な状態（積極的健康）をめざしています。この考えにもとづき，病気の予防だけでなく，健康増進（ヘルスプロモーション）❷も重視されています 資料2。SDGsのなかにも，「すべての人に健康と福祉を」が位置づけられています。

資料1 全人的健康

身体的健康
- 身体的な病気やけが
- 体力，抵抗力 など

精神的健康
- 幸福感，満足度
- 認知・知的能力 など

社会的健康
- 人間関係
- 社会的役割 など

資料2 ヘルスプロモーションのイメージ

個人技術の向上
住民組織活動の強化
健康（障害）
豊かな人生
健康を支援する環境づくり

島内1987，吉田・藤内1995を一部改変による。

③新しい健康観：困難に適応する力

　WHOの健康の定義は「目標とする理想像」を明確にした点で有意義ですが，「完全に良好な状態」のみを健康とすることへの批判もあります。この定義が示された1947年と比べて，現在は介護が必要な人や，**慢性疾患**❸の人が増えています。病気や障がいのある人は，身体的・精神的・社会的に完全に良好な状態でないからといって，不健康なのでしょうか。

　人は困難に直面しても，対応して生きる力を持っています。そのような力に着目して，「健康とは，社会的，身体的，感情的な困難に直面した時に，それに適応し，自己管理できる能力」である，という考えが提唱されました❹。この考えによれば，病気や障がいがあったとしても，それに適応し，**回復する力（レジリエンス）**❺があれば，健康といえます。

④健康という「力」を得るために

　上記の考えは，自己管理できる能力を重視しています。これは，専門家の指示に黙って従うのではなく，専門家と相談しながらも，自分の価値観を大切にして自分で意思決定ができ，自分らしい生活・人生を送ることを意味します。自分で決定し，行動することは，病気や困難に対処するうえで重要であり，幸福感や健康観にもつながります。

　困難に適応し，自己管理できる力を得るには，社会や環境のあり方が重要です。環境に恵まれなければ，困難に対処する力をはぐくむことも，その力を発揮することもできません。環境には，周りの人の理解や支援，教育や社会参加の機会などが含まれます。病気や障がいがあっても，健康という「力」を得るには，社会や環境を整える必要があります。

TRY あなたにとっての「健康」とはどのような状態か，考えてみよう。

❸**慢性疾患**　長期にわたり，ゆっくりと進行し，完全には治りにくい病気の総称です。糖尿病，高血圧，がん，心疾患，脳血管疾患などがあります。

❹病気や障がいがあっても前向きに生きる力を健康と考えるポジティブ・ヘルスという概念を，オランダのマフトルド・ヒューバーが2011年に提唱しました。

❺**回復する力（レジリエンス）**　逆境や困難な状況に直面した時に，一時的に不適応な状態になったとしても，回復し，適応できる能力のことをいいます。

Column

心的外傷後成長

　非常につらい経験がトラウマ（心的外傷）となり，心身に悪影響が生じることを，PTSD（Post Traumatic Stress Disorder：心的外傷後ストレス障害）といいます。しかし，トラウマとなるような経験の後に，それを乗りこえて 人間的に成長する人も多くいます。これを PTG(Post Traumatic Growth：心的外傷後成長）といいます。

Column

心の病気と回復

　心の病気（精神疾患）はだれにでも起き得る病気ですが，回復もできます。みなさんと同世代の

人が何に悩み，どのように回復したのか，エピソードが紹介されているので，参考にしてください。
・こころもメンテしよう（厚生労働省Webページ）

2. QOLとは何か

①QOLの目的

　健康の他にも，幸せな生活や人生を過ごすために大切なものがあります。幸せで満足できる生活や，自分らしい人生を生きることをめざして，**クオリティ・オブ・ライフ（QOL）❶**という概念が，1970年代から注目されるようになりました。

　QOLの日本語訳は，目的や状況によって異なります。**生活の質**は，病気や障がいがあっても，本人の望む生活を実現する方法を考える状況で使われる場合が多いです。**生命の質**は，たとえば，苦痛や生活への支障が大きい治療をどこまで行うか，といった生命倫理に関する問題を考える際に用いられます。**人生の質**は，生きがいを持ち，その人らしい生き方ができているかを問う際に使われます。それぞれ注目する点が異なりますが，生活・生命・人生の質のいずれも，本人が幸福で満足できる生活や人生を生きていることを重要視する点は，共通しています。

②QOLの定義

　QOLについてWHOは，「生活している文化や価値観のなかで，個人の目標，期待，基準，関心に関連した生活（人生）の状況に対する本人の認識」と定義しています。さらに，WHOは，QOLを構成する重要な領域として，（1）身体面，（2）心理面，（3）自立度，（4）社会関係，（5）環境，（6）**スピリチュアリティ❷**/宗教/個人的信念，の6領域を示しました 資料3 。

　QOLは，特に医療や福祉の分野で重視される概念です。医療や福祉分野で働く人は，QOLを構成する領域について本人の状況や希望を把握し，その人の価値観を大切にした治療や援助を考える必要があります。本人の価値観や生活の目標などを理解し，本人や家族と医療・介護スタッフが今後の治療や療養について，あらかじめ話し合う**アドバンス・ケア・プランニング❸（人生会議）**という取り組みも行われつつあります。

---

❶クオリティ・オブ・ライフ（QOL）
QOLはQuality of Lifeの略です。"Life"は「いのち」「生きていること」を表す言葉で，生活，生命，人生，生存など，複数の訳語があります。"Quality"は「質」を意味するので，QOLは「生活の質」「生命の質」「人生の質」などと訳され，目的や状況によって使い分けられています。"Life"という言葉が持つ多様な意味合いをいかすために，あえて訳さない場合もあります。

❷スピリチュアリティ　生きることの意味や目的といった，人間の存在の根源を支えるものと考えられています。霊性と訳される場合もあります。

資料3 QOLを構成する領域

❸アドバンス・ケア・プランニング
ACPともいいAdvance Care Planningの略です。
・ACP普及啓発小冊子「わたしの思い手帳」（東京都保健医療局Webページ）

③生活を理解する枠組み：ICF

　QOLを高めるには，まずは生活を把握する必要があります。生活や健康の状況と，それらに影響を及ぼしている原因（因子）を把握し，本人が望む生活を実現する方策を考える

5 ためのツールとして，**国際生活機能分類（ICF）**❹が活用されています。ICFは，**生活機能**❺と，それに影響する「健康状態」「環境因子」「個人因子」の状況を具体的に把握するための項目と，各項目の相互作用を理解するための枠組みを提示しています 資料4 。

④QOLを高めるために

10 　QOLを高める方策を考える際に，ICFにおける次の二つの考え方が役立ちます。

　第一に，ICFは活動と参加の状況について，実際にしている活動だけでなく，環境や状況を整えることでできる活動にも注目しています。これは，問題（できないこと）だけを見

15 るのではなく，人が持つ可能性や潜在能力に目を向け，それを発揮できる方策を考えることの重要性を示しています。

　第二に，ICFは環境因子を変えることで，生活機能を改善できることを示しています。たとえば，段差をなくしてバリアフリーにしたり，福祉サービスを利用するなど，環境を整

20 えることで，障がいがあっても，やりたい活動ができるようになり，QOLの向上につながります。

❹**国際生活機能分類（ICF）**　ICFは，International Classification of Functioning, Disability and Healthの略です。生活と健康の状況を把握するための世界共通指標として，2001年にWHOより提唱されました。約1,500項目の生活機能や背景因子に関する項目にもとづき，生活と健康の状況や，それらに影響を及ぼす因子を把握し，QOLを高める方策を考えるために活用されています。

❺**生活機能**　生活機能は「心身機能・身体構造」「活動」「参加」に分類されます。「心身機能・身体構造」は，心やからだの働きなど，生命の維持に関係するものです。「活動」は，歩行，着替え，家事など日常生活に必要な動作や活動など，生活の維持に関係するものです。「参加」は，仕事や趣味など，生き方や人生にかかわるものです。つより生活機能は，「生命」「生活」「人生」の観点から「人が生きる」ことの全体像をとらえた概念です。

TRY

　あなたは将来，日常の生活に支障がでたときに，だれと・どこで・どのように過ごしたいか考えてみよう。

資料4 **国際生活機能分類（ICF）の構成要素間の相互作用**

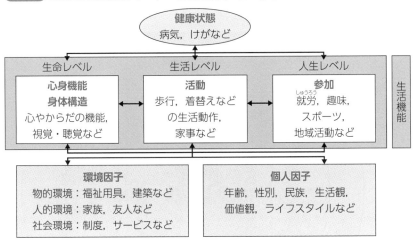

厚生労働省「生活機能分類の活用に向けて（案）」による。

3. 健康の社会的決定要因と健康格差対策

①健康に影響を及ぼす要因

　健康は，私たちを取り巻くさまざまな要因の影響を受けています 資料5 。最も身近な要因は，年齢・性・遺伝的要因など私たち自身が持つ**内因（素因）**です。ついで，喫煙・運動・食事・飲酒などの個人の生活様式（ライフスタイル），家族や友人，近隣の人など，人とのつながりを表す社会地域ネットワーク，教育環境・労働環境・医療の利用しやすさなどの生活と仕事の状況，そして，社会全体の情勢や経済動向などの社会・経済・文化・環境が，私たちの健康に直接または間接的に影響しています。

②健康の社会的決定要因

　これらの要因は，内因や生活様式のように本人に直接かかわる**主体要因**と，本人を取り巻く**社会・環境要因**に分けることができます。健康に影響を及ぼす社会・環境要因のことを**健康の社会的決定要因❶**といいます。社会的決定要因は，人々が安心して生活するために必要な条件であり，安心して生活できることは，健康につながります。また，内因は変えることが難しいのですが，社会・環境要因は，政策などにより変えることができます。

❶健康の社会的決定要因　資料5 の「社会地域ネットワーク」「生活と仕事の状況」「社会・経済・文化・環境」など，健康に影響を及ぼす社会・環境要因のことを「健康の社会的決定要因」といいます。「健康の社会的決定要因」は，健康格差を生みだす原因として注目され，政策としての対応が検討されています。

資料5 　**健康に影響を及ぼす主な要因の階層構造**

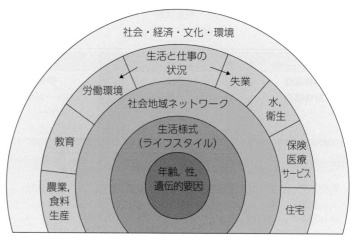

Dahlgren, G., & Whitehead, M. (1991) の「健康の決定要因モデル」より作成。

③健康格差

　健康格差とは，教育，職業，収入，**ジェンダー❷**，政策，文化など，健康の社会的決定要因の違いによって生じる健康状態の差です。健康は，すべての人に保障された権利（**基本的人権❸**）であるにもかかわらず，社会的な要因によって格差が生じていることを問題視して，**健康の不平等**という場合もあります。

　日本は世界有数の長寿国ですが，日本にも健康格差は存在します。特に経済状態による健康格差が，問題となっています。都道府県によって**健康寿命❹**に3歳(さい)程度の差があるなど，居住地による健康状態の差も報告されています。

④健康格差への取り組み

　健康格差を個人の努力でなくすのは難しく，社会全体で取り組むべき課題です。日本では，**健康日本21**という健康づくり運動が進められています。2013年度からの健康日本21（第二次）で**健康格差の縮小**という目標が設定されました。この目標は2024年度からの健康日本21（第三次）でも継承され，健康格差縮小のために，社会環境を改善する取り組みが行われています **資料7** 。「健康日本21」の他にも，大学などへの進学のために給付型奨学金を支援する高等教育の修学(しえん)支援制度，子どもの医療費無償化，がん検診の無料化など，健康格差を縮小するための取り組みが，国や自治体によって行われています。

資料7 健康日本21（第三次）の基本的な方向

> 健康寿命の延伸と健康格差の縮小
>
> ↑
>
> 個人の行動と健康状態の改善
>
> 社会環境の質の向上
>
> ライフコースアプローチを踏まえた健康づくり

厚生労働省 資料による。

❷**ジェンダー（社会的性別）**　生物学的な性別ではなく，社会的・文化的につくられた性差を意味します。たとえば，「男は仕事，女は家庭」といった「男らしさ」「女らしさ」という意識は，先天的なものではなく，社会的・文化的につくられた意識です。ジェンダーによる差別や不平等をなくすことも，SDGsの目標の一つになっています。

❸**基本的人権**　すべての人が生まれながらに必ず有している権利です。健康も基本的人権であることが，WHO憲章や日本国憲法に記されています。

❹**健康寿命**　介護の必要がなく，健康に生活できる期間のこと。元気に長生きできるように社会環境を改善して，平均寿命と健康寿命の差を小さくすることが目標です **資料6** 。

資料6 平均寿命と健康寿命の推移

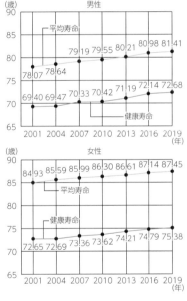

厚生労働省資料による。

☑ **まとめ**

● QOLの概念や，QOLの向上のための考え方について理解できた。……□

● 健康に影響を及ぼす要因や，健康格差縮小のための取り組みについて理解できた。……………□

第 2 節 ライフステージと健康管理

ねらい

● 各ライフステージにおける健康課題や目標を理解しよう。
● 生涯にわたる健康のために必要な生活習慣や取り組みについて理解しよう。

1. 生涯を通した健康づくり

① ライフステージとは

人の一生を，幼年期・少年期・青年期・壮年期・中年期・高年（高齢）期など，いくつかの段階に区分したものを**ライフステージ❶**といいます。人は各ライフステージで，就学，就職，結婚，出産，育児，退職，介護など，さまざまな経験をします。

② 各ライフステージにおける健康課題

病気や事故などの**健康課題**も，ライフステージによって異なります。各ライフステージの主な健康課題を死因から見てみると，幼年期は**先天奇形**や**乳幼児突然死症候群**（SIDS：Sudden Infant Death Syndrome）など，少年期はがん，自殺，不慮の事故など，青年期・壮年期は自殺やがんなど，中年期・高年期はがん，心疾患，自殺，脳血管疾患などです **資料1**。ライフステージにおける健康課題を知り，予防や早期発見・早期治療を心がけましょう。

❶**ライフステージ** 人の一生をいくつかの段階に分けたものです。各ライフステージの分け方や呼び方は，いろいろな説があります。本書では，厚生労働省「健康日本21」の区分を用いて，幼年期（0〜4歳），少年期（5〜14歳），青年期（15〜24歳），壮年期（25〜44歳），中年期（45〜64歳），高年期（65歳以上）の6段階に分けました。

資料1 年齢階級別の主な死因

ライフステージの区分	年齢	死因1位	死因2位	死因3位
幼年期	0歳	先天奇形など	呼吸障害など	乳幼児突然死症候群
	1〜4歳	先天奇形など	がん	不慮の事故
少年期	5〜9歳	がん	不慮の事故	先天奇形など
	10〜14歳	自殺	がん	不慮の事故
青年期	15〜19歳	自殺	不慮の事故	がん
	20〜24歳	自殺	不慮の事故	がん
壮年期	25〜29歳	自殺	がん	不慮の事故
	30〜34歳	自殺	がん	心疾患
	35〜39歳	自殺	がん	心疾患
	40〜44歳	がん	自殺	心疾患

ライフステージの区分	年齢	死因1位	死因2位	死因3位
中年期	45〜49歳	がん	自殺	心疾患
	50〜54歳	がん	心疾患	自殺
	55〜59歳	がん	心疾患	脳血管疾患
	60〜64歳	がん	心疾患	脳血管疾患
高年期	65〜69歳	がん	心疾患	脳血管疾患
	70〜74歳	がん	心疾患	脳血管疾患
	75〜79歳	がん	心疾患	脳血管疾患
	80〜84歳	がん	心疾患	脳血管疾患
	85〜89歳	がん	心疾患	老衰
	90〜99歳	老衰	心疾患	がん

厚生労働省「令和3年人口動態統計」による。

③各ライフステージにおける健康目標

　ライフステージにおいて，前の段階の生活状況は，次の段階の健康状態に影響しています。中・高年期に発症する病気は，子どものころからの食生活や運動習慣，青年期以降の喫煙や飲酒などの影響を受けます。元気に長生きするためには，子どものころからの生涯を通した健康づくりが重要です。

　健康づくりには，栄養・食生活，身体活動・運動，休養・心の健康，飲酒，喫煙，歯・口腔の健康，**健康診査・検診**❷の7分野が，特に重要です。各ライフステージの主な健康目標を確認しましょう 資料2 。

❷健康診査・検診　健診（健康診査または健康診断）は，健康状態を総合的に確認する目的で行われるもので，学校で年に1回行われる学校健診などがあります。一方，検診は，特定の疾患を調べるためにからだのある部位を検査するもので，学校では結核検診や心臓検診があります。

資料2 ライフステージにおける主な健康目標

健康目標	幼年期 (0〜4歳)	少年期 (5〜14歳)	青年期 (15〜24歳)	壮年期 (25〜44歳)	中年期 (45〜64歳)	高年期 (65歳以上)
栄養・食生活	主食・主菜・副菜をそろえたバランスのよい食事				塩分を控え，野菜・果物を多く	
	朝食をとる　無理なダイエットはしない			肥満の予防		低栄養の予防
身体活動・運動	運動や外遊びの習慣 家庭内外での事故防止		歩行など日常生活で身体活動量を増やす 自分にあった運動を継続			転倒防止
休養・心の健康	規則正しい生活リズムと十分な睡眠 ゲーム，スマホなどの利用に注意			ストレス解消法を見つける 心の不調を感じたら専門家に相談		
飲酒	母親は妊娠中・授乳中は禁酒	飲酒に関する正しい知識 20歳までは禁酒		適度な飲酒量を守る 週2日以上はお酒を飲まない日をつくる		
喫煙	受動喫煙の防止	喫煙や受動喫煙の害を知り，たばこを吸わないようにする				
歯・口腔の健康	定期的に歯科健診を受ける	正しい口腔ケアを身につける			よく噛んで食べる	
	歯磨き習慣　むし歯予防		歯周疾患の予防		6024・8020の実現 ▶p.25　▶p.27	
健康診査・検診	乳幼児健診	生活習慣病について知り，予防を心がける 年に1回は健診・検診を受けて健康管理と早期発見・早期治療				

2. 幼年期の健康

①幼年期の特徴

　幼年期（0〜4歳）は，心や身体の機能が大きく成長発達し，人格や生活習慣を形成する時期です。生活の中心は家庭なので，規則正しい食事や早寝・早起きなどの生活習慣は，家族の影響を大きく受けます。身近な人から愛されて育つことも，その後の人生や健康観に影響を及ぼすといわれています。

②幼年期の健康課題

　この時期の死因のトップは，**先天奇形**など生まれた時からの異常によるものです。**乳幼児突然死症候群**（SIDS）や**不慮の事故❶** 資料3 も死因の上位に入り，幼年期の重要な健康課題です。**免疫**（病気に対する抵抗力）が未発達なので，さまざまな**感染症**にかかりやすい時期です。

❶**不慮の事故**　転落・転倒，おぼれる，交通事故など予測不能で急に起こった事故のこと。1〜29歳では，死因の3位以内に不慮の事故が入ります。

資料3 　1〜4歳に起こりやすい事故

起きやすい事故		予防のポイント
転落・転倒	ベランダや階段などからの転落	箱，家具など踏み台になるようなものをベランダや窓際に置かない。
やけど	炊飯器や加湿器の蒸気にさわる　アイロン，ストーブにさわる　ポット，鍋をひっくり返す	ストーブ，アイロン，ポット，鍋などやけどの原因となるものに子どもがふれないようにする。ストーブなどには安全柵をつける。
おぼれる	浴槽に落ちる，水遊び	わずかな水でも残し湯はしない。風呂場に外鍵をかける。水遊び時はライフジャケットをつける・目を離さない。
誤飲・中毒・窒息	医薬品，化粧品，洗剤，コイン，豆などを誤って飲む	危険なものは子どもには見えない，手の届かない場所にかたづける。ピーナッツなど乾いた豆類を食べさせない。
交通事故	道路への飛び出し	手をつないで歩く。三輪車に乗る・自転車に乗せる時はヘルメットをつける。

厚生労働省「健やか親子21」パンフレットによる。

Column

子どもの突然死

　乳幼児突然死症候群（SIDS）は，それまで元気だった赤ちゃんが，事故や窒息ではなく睡眠中に突然死する病気です。日本では，およそ6,000〜7,000人に1人に起こると推定されています。生後2〜6か月に多く，まれに1歳以上でも発症します。

　原因は不明ですが，次の三つを守ることで発症の可能性を小さくできるといわれています。

①1歳になるまでは，寝かせる時は，あおむけに
②できるだけ母乳で育てる
③たばこはやめる（保護者など周囲の人は禁煙）

厚生労働省「乳幼児突然死症候群（SIDS）についての普及啓発用リーフレット」による。

③幼年期の健康目標

（1）健康的な生活習慣を身につける

　規則正しい食生活，早寝・早起き，歯磨き，運動，うがい・手洗いなどの生活習慣を身につけましょう。幼年期の生活習慣が生涯にわたる健康づくりの土台になります。

（2）健康診査や予防接種を受ける

　市区町村から通知された**健康診査**や**予防接種**を受けて，病気の早期発見・早期治療や感染症の予防に努めましょう。健康や発達に関する相談も，健診時にできます。

（3）不慮の事故や乳幼児突然死症候群を防ぐ

　前ページの 資料3 や**子どもの突然死** Column の注意事項に気をつけましょう。

（4）児童虐待を防ぐ

　産前産後や育児期に不安や悩み，心身の不調を抱える親は多く，周囲から支援が得られないと，**児童虐待**につながることがあります。地域には，**子育て世代包括支援センター❷**や**子ども家庭総合支援拠点❸**などの相談窓口があります。保育所などで子どもを預かってもらったり，保健師などが自宅を訪問して相談や助言を行う支援もあります。

TRY　子どもが夜型の生活をおくると，心身にどのような影響があるか考えてみよう。

❷・❸子育て世代包括支援センターと子ども家庭総合支援拠点　子育て世代包括支援センターは，母子保健法にもとづき，主に妊産婦や乳幼児の親を支援する目的で市区町村に設置されています。子ども家庭総合支援拠点は，児童福祉法にもとづき，虐待や貧困などの問題を抱えた子どもと親を支援する目的で市区町村に設置されています。2024年以降，二つの機関を統合して支援体制が強化されることになりました。

Column

母子健康手帳・親子健康手帳

　市区町村に妊娠の届出をすると，**母子健康手帳（母子手帳）**をもらえます。母子健康手帳は，妊娠中の経過や出産・産後の状況，子どもの健康診査や予防接種，健康状態や発育のようすなどを記録します。日常生活や子育て上の注意点，地域の相談窓口や支援機関，支援制度などの子育てに役立つ情報ものっています。

　母子健康手帳は，妊娠期から乳幼児期までの健康に関する情報を一つの手帳で管理でき，育児情報も載っています。近年では，子育ては母親だけのものではないという意識が高まり，**親子健康手帳**へと名称を変更する自治体も増えています。

　母子健康手帳は，世界で最初に日本で始まりました（1942年の妊産婦手帳が始まり）。日本は，今では世界で最も赤ちゃんや妊産婦の死亡が少ない国ですが，母子健康手帳による効果があったと見られています。そこで，日本発の母子健康手帳を，乳幼児や妊産婦の死亡が多い開発途上国に普及する活動が，JICA（国際協力機構）によって行われています。

3. 少年期の健康

①少年期の特徴

　少年期（5〜14歳）は，身体の成長が進むと共に，脳や神経系の発達が著しく，学校生活を通じて知識や思考力が高まる時期です。11歳前後からは**思春期**に入り，精神的に不安定になりやすい時期でもあります。

②少年期の健康課題

　病気で死亡する割合は一生のうちで最も低い時期です。以前は，少年期の死因の第1位は，交通事故や溺死などの不慮の事故でした。近年は，生活環境や製品の改善などの事故防止の取り組みが進み，不慮の事故による子どもの死亡数は，以前と比べて減少しています。

　代わりに増えたのは，自殺です。2020年から自殺が10〜14歳の死因の第1位になり，深刻な問題となっています。

　生活習慣との関連では，乳歯から永久歯にはえ代わる時期で，むし歯（う歯・う蝕）が増えます。中学生になると，近視（裸眼視力1.0未満）も急増します。

　発達障害❶は，幼稚園・保育所や小学校で集団生活が始まるころから，じっとしていられなかったり，集団行動が苦手などの特性が目立つようになります 資料4 。

❶発達障害　生まれつき脳の働き方に違いがあり，幼児のころから行動面や情緒面に特徴があります。
　発達障害には，自閉症，アスペルガー症候群，注意欠陥多動性障害（ADHD：Attention Deficit Hyperactivity Disorder），学習障害（LD：Learning Disability）など，いくつかの種類があります。同じ障がい名でも特性の現れ方が違ったり，いくつかの発達障害をあわせ持つこともあります。
発達障害ナビポータルでは，発達障害の特性，教育，医療，支援に関する情報が紹介されています。
・「発達障害ナビポータル」（国立障害者リハビリテーションセンター・国立特別支援教育総合研究所Webページ）

資料4 　主な発達障害

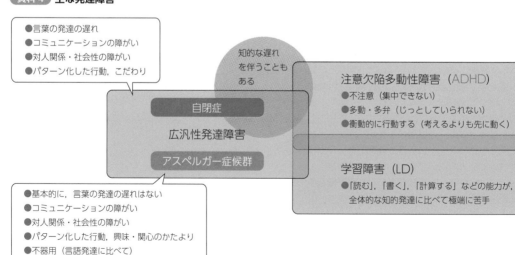

政府広報オンライン「発達障害って何だろう」による。

③少年期の健康目標

(1) 食に関する正しい知識と望ましい食習慣を身につける

朝食の欠食，孤食❷，偏食などの食生活の乱れ，肥満，やせなどが問題となっています。主食，主菜，副菜を組み合わせてバランスのよい食事を心がけ，朝食も必ず食べましょう。学校給食は，望ましい食事の見本なので，参考にしましょう。

(2) 不安や悩みは，一人で悩まず，相談する

友人，家族，勉強のことなどで不安や悩みがあれば，一人で悩まず，相談しましょう。親や教師の他にも，さまざまな相談窓口❸があります。電話やSNSでも気軽に相談できます。

(3) 永久歯のむし歯と歯肉炎を予防する

食後に歯をみがく習慣を身につけましょう。フッ化物入りの歯磨剤やデンタルフロス，歯間ブラシも効果的です。歯科健診も定期的に受けましょう。

(4) 発達障害を正しく理解し，適切な支援を得る

発達障害は外見からはわかりにくいため，周りの人は本人の困りごとに気づきにくいです。周りの人が本人の特性を理解し，その人に合った支援や環境の調整を行うことで，困りごとを軽くすることができます。生活上の困りごとを感じたら，本人や家族で抱え込まずに，学校や市区町村の相談窓口，発達障害者支援センター❹などに相談しましょう。

❷孤食　一人で食事をとることを「孤食」といいます。家族の帰宅が遅かったり，塾などからの帰宅が遅いなどで，一人で食事をとる児童・生徒が多数います。一方，家族と一緒であっても，各人が別々に食事をとることを「個食」といいます。孤食や個食は，自分が好きな物だけを食べる傾向が強まるため，栄養バランスを欠き，肥満や低栄養，生活習慣病につながりやすくなります。

❸「子供のSOSの相談窓口」（文部科学省Webページ）には，24時間通話料無料の相談窓口があります。また，チャットボットで相談窓口を探せます。

❹発達障害者支援センター　発達障害児（者）とその家族の相談に応じ支援を行う専門の機関です。「発達障害ナビポータル」で，近くの相談機関を探すことができます。▶p.18

Column

いじめと不登校

いじめとは，児童生徒が心理的，物理的な攻撃を受けたことにより，心身の苦痛を感じている状況です。

不登校とは，何らかの心理・情緒・身体・社会的要因により，登校しないあるいはしたくてもできない状況です。

学校の種類によって件数の違いはありますが，全体的に増加傾向となっています。

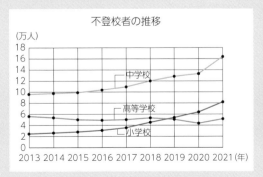

文部科学省「児童生徒の問題行動・不登校等生徒指導上の諸課題に関する調査」による。

❶性感染症 性的接触によって感染する病気で，梅毒，HIV/エイズ，性器クラミジア感染症などがあります。知らない間にうつり，知らない間にうつしてしまい男女とも不妊症の原因になります。

❷気分障害 気分が落ちこんで無気力になったり（うつ病），うつ状態とエネルギッシュな状態が交互に現れる（双極性障害）などの状態が一定期間続き，通常の生活ができなくなっている状況のことです。治療は薬とカウンセリングが中心で，早めに治療を始めることが望ましいです。

❸不安障害 危険でないものにまで恐怖心を感じたり，不安が強すぎて，やるべきことができなくなったり，身体に過剰なストレス反応（動悸，吐き気，めまいなど）が現れて，通常の生活ができなくなっている状況のことをいいます。

❹摂食障害 体重や食事をコントロールすることに対する強いこだわりから，食事を極端に制限する「拒食症（神経性無食欲症）」や，一度に大量の食べ物を食べて吐くことを繰り返す「過食症（神経性大食症）」など，食べることに関する病気のことをいいます。

4. 青年期の健康

①青年期の特徴

　青年期（15〜24歳）は，身体的な発達がほぼ完了し，子どもから大人へ移行する時期です。心理的には，社会的存在としての自分の役割や責任を自覚するようになるものの，進路の選択に関する悩みなど，自立に向けての不安や挫折を感じる不安定な時期でもあります。社会的には，18歳になると**選挙権**，20歳になると**飲酒・喫煙**が法的に認められ，就職により社会人として自立した生活が始まります。

②青年期の健康課題

　病気による死亡は少なく，死因の第1位は自殺，第2位は不慮の事故です。病気にかかることも比較的少ないのですが，異性への関心が高まる時期なので，**性感染症❶**や**人工妊娠中絶**が増え始めます。

　進学や就職で生活が大きく変わる時期で，特に一人暮らしを始めると，生活習慣の乱れが目立つようになります。行動を理性的にコントロールする脳の機能はまだ発達途上なので，暴力，危険行為，**薬物乱用**，たばこ・アルコール・ゲーム・インターネットなどへの依存症といった問題も起きやすくなります。

　進学や就職，友人関係や恋愛に関する悩み，生活の変化による**ストレス**などがきっかけとなって，**気分障害❷**，**不安障害❸**，**摂食障害❹**などの心の病気になる人が増える時期でもあります。精神疾患にかかった人の約75％は，24歳までに発症しています。

5
10
15
20
25

Column

ゲーム障害（依存症）

　ゲーム障害とは，ゲームに熱中して利用時間を自分でコントロールできなくなり，日常生活に支障が出る病気です。WHOは，2019年に新しい病気として認定しました。

　ゲーム障害は，だれにでも起こる可能性があります。そのため，ゲーム障害の兆候を知り，早めに注意をしましょう。注意しても止められない場合は，精神保健福祉センターや保健所などに相談し，専門の医療機関を受診しましょう。

ゲーム障害の兆候
・ゲームをする時間がかなり長くなった
・夜中までゲームを続ける
・朝起きられない
・たえずゲームのことを気にしている
・他のことに興味を示さない
・ゲームのことを注意すると激しく怒る
・使用時間や内容などについて，うそをつく
・ゲームへの課金が多い

③青年期の健康目標

（1）健康的な生活習慣を維持する

　栄養バランスのとれた食事を1日に3回規則正しく食べ，定期的な運動と十分な睡眠を心がけましょう。無理なダイエットは，さまざまな健康問題につながるので，適正体重を維持しましょう。喫煙や飲酒が健康に及ぼす影響を理解し，20歳以降も喫煙や過度の飲酒は控えましょう。

（2）性感染症を予防する

　コンドームを正しく使うことが，性感染症の予防に有効です。痛みなどの症状が出にくい病気も多いので，定期的にパートナーも一緒に性感染症の検査を受けましょう。不安な場合は，保健所などが電話でも相談に応じてくれます。

（3）危険ドラッグ・違法薬物に気をつける

　危険ドラッグ・違法薬物には，絶対に手を出してはいけません。「疲れがとれるクスリ」「やせるクスリ」などの誘いの言葉を信じないようにしましょう。相談機関や治療法があるので，兆候を感じたら精神保健福祉センターや保健所などに早めに相談し，医療機関を受診しましょう。

（4）休養・睡眠を十分にとり，心の不調に気をつける

　疲労やストレスをためないように，休養や睡眠をとることを心がけましょう。夜更かしはやめ，朝は日光をあびて体内時計をリセットすることで，睡眠の質が高まります 資料5 。趣味やスポーツでリフレッシュしたり，自分に合ったストレス対処法を身につけることも大切です。心のつらさが続くようであれば，さまざまな相談窓口❺があるので，一人で悩まずに気軽に相談しましょう。

TRY

BMI（体格指数：Body Mass Index）を計算してみましょう。

BMI＝体重（kg）÷身長（m）÷身長（m）

BMI	判定
18.5未満	やせ
18.5〜25未満	適正体重
25〜30未満	肥満1度
30〜35未満	肥満2度
35〜40未満	肥満3度
40以上	肥満4度

資料5 **体内時計を元に戻す方法**

☑ 決まった時間に起きる・寝る
☑ 朝起きたら太陽の光をあびる
☑ 朝食を食べる
☑ 軽い運動習慣をとり入れる
☑ 寝る1時間前にはスマホやパソコンなどの使用をやめる

❺相談窓口
・「まもろうよ こころ」（厚生労働省Webページ）
・「こころのオンライン避難所」（いのち支える自殺対策推進センターWebページ）
・「あなたはひとりじゃない」（内閣官房孤独・孤立対策担当室Webページ）

Column

無理なダイエットの危険性

　「やせているほうがよい」という価値観から，無理なダイエットをする若い女性が多いです。無理なダイエットは，健康を維持するために必要な栄養素の不足，女性ホルモンの分泌低下，骨量の減少などの問題を引き起こします。それによって無月経，低血圧，貧血，不整脈，骨粗しょう症，いらいら，記憶力の低下など，若くして更年期（閉経前後の期間）や高齢者に出るような症状が出る場合があります。将来，不妊症になる恐れや，過食症や拒食症などの摂食障害により生命に危険が及ぶ場合もあります。

　自分の適正体重を知り，必要のないダイエットはしないようにしましょう。

❶**生活習慣病** かたよった食生活，運動不足，ストレス，睡眠不足，喫煙，飲酒など，不健康な生活習慣を続けることで発症する病気のこと。高血圧，糖尿病，脂質異常症，がん，循環器疾患，腎臓病，肝臓病，骨粗しょう症，歯周病などが生活習慣病です。

❷**統合失調症** 幻覚（実際にはないものが見えたり，聞こえたりする）や妄想（事実ではないことを本当であると確信する），意欲の低下，自閉（人との交流を避け，閉じこもる），感情鈍麻（喜怒哀楽の感情が少ない）といった症状が現れる精神疾患。日本では，およそ100人に一人弱の割合と推計されています。10代後半から30代に発症することが多いです。

❸**過労死** 重すぎる負荷による脳血管疾患や心臓疾患を原因とする死亡，業務における強い心理的負荷による精神障害を原因とする自殺，これらの原因による脳血管疾患，心臓疾患，精神障害のこと。「過労死ライン」と呼ばれる労働時間のめやすは，月あたりの残業時間がおおむね80時間をこえる場合とされています。WHO（世界保健機関）は，週55時間以上の労働で，心疾患や脳血管疾患の危険性が高まると指摘しています。

5. 壮年期の健康

①壮年期の特徴

壮年期（25〜44歳）は，仕事や子育てなど，家庭や社会で担う役割が増え，充実した時期です。反面，仕事や子育てが忙しくて，ゆっくり休んだり，自分の健康をかえりみる余裕がなく，疲労やストレスがたまる時期でもあります。 5

②壮年期の健康課題

この時期から死亡数は少しずつ増え始め，死因の第1位は，20〜30代では自殺ですが，40歳以降はがん（悪性腫瘍，悪性新生物）になります。 10

年齢が上がると太りやすくなり，**生活習慣病**❶やその予備群が，30歳以降，増え始めます。**歯周病**などの歯科疾患，**気分障害や統合失調症**❷などの精神疾患も増えます。

この時期に妊娠，出産，育児を経験する人もいますが，母親と赤ちゃんの健康のためには，妊娠前からのからだづくりが大切です 資料7 。出産後は，育児の負担やホルモンのバランスが崩れることなどにより，**産後うつ**という状態になりやすいです。 15

仕事や通勤途中の事故などが原因で，けがや病気，死亡につながる**労働災害**，長時間労働や強いストレスによる**過労死**❸など，仕事にかかわる健康問題も重要な課題です。 20

資料6 **がんを防ぐための新12か条**
第1条　たばこは吸わない
第2条　他人のたばこの煙をできるだけ避ける
第3条　お酒はほどほどに
第4条　バランスのとれた食生活を
第5条　塩辛い食品は，控えめに
第6条　野菜や果物は不足にならないように
第7条　適度に運動
第8条　適切な体重維持
第9条　ウイルスや細菌の感染予防と治療
第10条　定期的ながん検診を
第11条　身体の異常に気がついたら，すぐに受診を
第12条　正しいがん情報で，がんを知ることから

がん研究振興財団「がんを防ぐための新12か条」による。

③壮年期の健康目標

（1）がんの予防・早期発見・早期治療を心がける

　日本人の2人に1人が，がんにかかるといわれています。近年は，早期発見・早期治療をすれば，治るがんも増えています。生活習慣を見直すことで予防できるものもあります。**がんを防ぐための新12か条** 資料6 が示されているので，これらの点に気をつけましょう。

（2）生活習慣病の予防・早期発見・早期治療を心がける

　たばこは吸わず，酒も飲みすぎないで，週に二日以上はお酒を飲まない日（休肝日）をつくりましょう。野菜や果物を食べ，塩分を控えるなど食生活に気をつけ，一定の時間と頻度で運動❹をしましょう。健診や検診を定期的に受けて，結果を生活習慣の改善にいかしましょう。

（3）妊娠前～育児期の親子の健康に気をつける

　母親と赤ちゃんの健康のために，**お母さんと赤ちゃんのすこやかな毎日のための10のポイント** 資料7 に気をつけましょう。

（4）仕事による事故や病気に気をつける

　職場での作業手順や安全対策を守り，余暇や休養をとって，仕事と生活のバランス（**ワーク・ライフ・バランス**）を心がけましょう。休暇の取得や時間外労働の上限設定など過重労働を防ぐ取り組みが，法律で会社に求められています。

Column

やめよう！妊娠中・産後の酒とたばこ

　妊娠中の喫煙や飲酒は，流産や早産，低体重，奇形や脳障害，発達障害など赤ちゃんに深刻な影響が出るので，絶対にやめましょう。出産後も，たばこの煙は乳幼児突然死症候群（SIDS）の危険を高めます。授
▶p.16
乳期の母親の飲酒も，母乳を通して赤ちゃんにアルコールが移行し，成長障害などの悪影響が出ます。

❹健康づくりのための身体活動基準2013によると，18～64歳では，歩行またはそれと同等以上の身体活動を毎日60分，さらに息がはずみ汗をかく程度の運動を毎週60分。65歳以上では，どのような動きでもよいので毎日40分など，生活習慣病などの予防に有効とされている基準が設けられています。

資料7 お母さんと赤ちゃんのすこやかな毎日のための10のポイント

- ☑ 妊娠前から，バランスのよい食事をしっかりとりましょう
- ☑ 「主食」を中心に，エネルギーをしっかりと
- ☑ 不足しがちなビタミン・ミネラルを，「副菜」でたっぷりと
- ☑ 「主菜」を組み合わせてたんぱく質を十分に
- ☑ 乳製品，緑黄色野菜，豆類，小魚などでカルシウムを十分に
- ☑ 妊娠中の体重増加は，お母さんと赤ちゃんにとって望ましい量に
- ☑ 母乳育児も，バランスのよい食生活のなかで
- ☑ 無理なくからだを動かしましょう
- ☑ たばことお酒の害から赤ちゃんを守りましょう
- ☑ お母さんと赤ちゃんのからだと心のゆとりは，周囲のあたたかいサポートから

厚生労働省「妊娠前からはじめる妊産婦のための食生活指針」による。

6. 中年期の健康

①中年期の特徴

　中年期（45〜64歳）は，身体機能が徐々に低下し，病気や体力の衰えを意識し始める時期です。社会的には，仕事や家庭での役割や責任が最も大きい時期です。そのため，疲労やストレスがたまりやすいのですが，若い時に比べて疲労の回復に時間がかかります。自分や配偶者の病気，退職，失業，親の介護など，大きなストレスとなるできごとを経験する人が多い時期でもあります。

②中年期の健康課題

　死亡や病気，身体障害の発生数は，この時期から著しく増え始めます。中年期の死因の第1位はがんですが，心疾患や脳血管疾患（脳卒中）も死因の上位に入ります。自殺者数も，他の世代と比べて多いです。高血圧や糖尿病などの生活習慣病や**メタボリックシンドローム❶**も増え始めます（資料8）。歯周病により永久歯を失う人も増えます。

　女性は40代後半から50代前半に**閉経**（月経の停止）を迎え，その前後はホルモンのバランスが大きく変化するため，**ホットフラッシュ**（のぼせ，ほてり，発汗）や疲労感などの心身の不調が現れます（**更年期障害❷**）。男性もホルモンの状態が変化するので，疲労感や不眠，抑うつ感などの心身の不調が現れやすくなります。

❶**メタボリックシンドローム**　内臓に脂肪がたまるタイプの肥満（内臓脂肪型肥満）に加えて，高血圧，脂質異常，高血糖といった症状が二つ以上ある状態のこと。これらの症状が重なると，心筋梗塞や脳梗塞といった生命にかかわる疾患の危険性が急激に高まります。

❷**更年期障害**　男女共に40歳以降，性ホルモンの分泌量が低下します。それに伴い，さまざまな体調不良や情緒不安定などの症状が現れます。このような症状をまとめて，更年期障害といいます。

・女性に多い症状
のぼせ，ほてり，発汗，疲労感，肩こり，腰痛，イライラ，ゆううつ，など

・男性に多い症状
集中力や意欲の低下，不眠，性機能の低下，疲労感，ゆううつ，など

資料8　**メタボリックシンドロームの診断基準と病気のリスク**

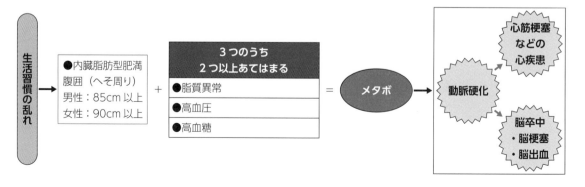

③中年期の健康目標

（1）がんの予防・早期発見・早期治療を心がける

喫煙や飲酒，食生活などがんを防ぐための新12か条 **資料6** ▶p.22 に気をつけましょう。定期的にがん検診 **資料9** を受け，早期発見・早期治療に努めましょう。

（2）メタボリックシンドロームを予防・改善する

メタボリックシンドロームの予防・改善は，「1に**運動**，2に**食事**，しっかり**禁煙**，最後に**クスリ**」❸です。40歳以上の人には，メタボリックシンドロームに着目した**特定健康診査**（**特定健診**） **資料9** があります。特定健診の結果，生活習慣病の発症リスクが高い人には，**特定保健指導**❹が行われます。健診の結果を生活習慣の見直しにいかしましょう。

（3）心の不調を感じたら，早めに相談・対処する

仕事や家庭の問題，更年期などで心身に不調が現れやすい年代です。周りの人に支援を求めて，休息や睡眠をとるようにしましょう。うつになりやすい年齢であることを認識し，心の不調を感じたら早めに相談や受診をしましょう。

（4）歯周病を予防する

歯周病は，さまざまな病気につながります **資料10** 。デンタルフロスや歯間ブラシなどを使って丁寧に歯磨きをし，定期的に歯科健診を受けて，60歳で自分の歯を24本残しましょう（6024）。▶p.15

TRY 中年期から無理なく続けられる運動習慣を考えてみよう。

❸厚生労働省による健康増進普及月間の統一標語による。

❹**特定保健指導** 特定健診の結果，メタボリックシンドロームの診断基準 **資料8** に該当もしくは予備群の人には，運動，食事，禁煙などの生活習慣を改善してもらうための助言や支援を，医師，保健師，管理栄養士などが行います。健診の結果をもとに，対象者を「積極的支援」「動機づけ支援」「情報提供」の3段階に分類して，それぞれの段階に応じた保健指導を行います。

資料10 歯周病が招く全身の病気

脳梗塞
歯周病菌
心筋梗塞
狭心症・高血圧
糖尿病の悪化
誤嚥性肺炎
骨粗しょう症
がん

資料9 国が推奨しているがん検診と特定健康診査

名称	対象者	実施間隔
胃がん検診	50歳以上 ※胃部X線検査は40歳以上に実施可	2年に1回 ※胃部X線検査は毎年実施可
大腸がん検診 肺がん検診 乳がん検診	40歳以上	毎年
子宮頸がん検診	20歳以上	2年に1回
特定健康診査 ※メタボリックシンドロームの健診	40歳以上75歳未満	毎年

注. 表中の検診・健診は，法律にもとづき，市区町村や職場が実施するもので，無料または少額の自己負担で受けることができる。

65歳以上を「高齢者」とみなす場合が多いのですが，実は明確な基準はなく，法律や国によって定義が異なります。たとえば，「高年齢者等の雇用の安定等に関する法律」では55歳以上を，「高齢者の居住の安定確保に関する法律」では60歳以上を，「道路交通法」では70歳以上を，「高齢者の医療の確保に関する法律」では65〜74歳を前期高齢者，75歳以上を後期高齢者と定義しています。中国やブラジルなど，60歳以上を高齢者とする国もあります。日本では，近年，元気な高齢者が増えていることから，75歳以上を高齢者とし，65〜74歳は准高齢者とする意見が，日本老年学会・日本老年医学会から提案されています。

❶老老介護 高齢者が，高齢者を介護すること。近年は，認知症の高齢者が，認知症の高齢者を介護する認認介護も増えています。

7. 高年（高齢）期の健康

①高年期の特徴

　高年期（65歳以上）は人生の完成期で，時間に余裕ができ，それまで培ってきた知識や経験を地域社会などでいかすことができる時期です。生活習慣の改善や病気の早期発見・治療により，高齢者の**平均余命**や**健康寿命，体力**は，昔と比べて向上しています。しかし，加齢と共に身体的には老化が進み，生活習慣病などの発症が増えます。 5

②高年期の健康課題

　65歳以上の死因の第1位はがん（悪性新生物），第2位は心疾患，第3位は脳血管疾患や老衰です。介護を要する人も増え，要介護・要支援認定者は65歳以上の2割弱を占め，75歳以上になると3割をこえます。介護が必要となった主な原因は認知症や脳血管疾患（脳卒中）です。視力や聴力の低下，歯の喪失による咀嚼力の低下，筋力の低下や骨・関節の障がいなど，QOL（生活の質）の低下につながる障がいも増えます。 10

　退職や病気，障がいにより生活が大きく変化したり，身近な人の病気や死，**老老介護**❶などの困難を経験することが多い時期です。このような困難がきっかけとなり，うつ病になる人も多いです。年をとると食欲が落ちたり，料理や買い物が面倒になって食事を簡単にすませることが増えるため，低栄養のリスクも高まります。 20

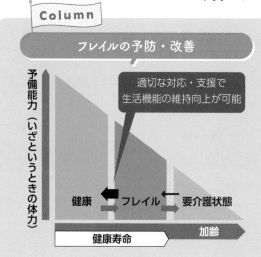

フレイルの予防・改善

適切な対応・支援で生活機能の維持向上が可能

予備能力（いざというときの体力）

健康　←フレイル←　要介護状態

健康寿命　　　　加齢

フレイル（虚弱）とは，健康な状態と要介護状態の中間の状態で，加齢や疾患により心身の活力が低下し，要介護となる危険性が高まっている状態のことです。しかし，運動，食事，社会参加などを心がけることで，健康な状態に戻ることができます。

運動	食事	社会参加
散歩や体操などの有酸素運動	バランスのよい食事を3食	人や社会とのつながりを持つ

③高年期の健康目標

健康的な生活習慣を維持し，**介護予防❷**を心がけましょう。具体的には，以下の点に気をつけましょう。

（1）日常生活のなかで意識的に身体を動かす

5　無理のない程度に，足腰をきたえる運動やストレッチをし，買い物や散歩などで，できるだけ歩きましょう。

（2）**低栄養❸**や塩分のとりすぎに気をつける

食事が簡素化しやすいので，主食，主菜，副菜をバランスよく食べましょう。加齢とともに味覚が変化するので，塩分
10　のとりすぎに気をつけましょう。

（3）歯や口腔の健康を保つ

口腔機能とは，食べ物を嚙んだり，飲みこむ力や，発音したり，唾液を分泌する力のことです。この力が弱まると，食べたり，話をすることが不自由になります。予防のために，
15　歯（入れ歯）磨き，口の体操，唾液腺のマッサージをして，80歳で自分の歯を20本残しましょう（**8020**_{ハチマルニイマル}）。
▶p.15

（4）閉じこもりにならず，人とのつながりを保つ

週に三日以上は外出しましょう。趣味やボランティア活動などを積極的に行い，人とのつながりを保ちましょう。
20
（5）認知症の予防と早期発見・早期対応を心がける

認知症のなかには，生活習慣病と同様に，運動や食事に気をつけることで予防できるものもあります。趣味やボランティア活動などの社会活動に参加することも，認知症予防につながります。異変に気づいたら，早めに専門医を受診しま
25　しょう。早期の対応により，進行を遅らせたり，本人や家族の不安や混乱の期間を短くすることができます。

（6）うつ病のサインに注意する 資料11

高齢者のうつ病は，若い人と異なり，心の不調よりも頭痛，腹痛，めまいなどからだの不調を多く訴えるため，うつ
30　病とは気づきにくい場合があります。不安や緊張が強いのも特徴で，自殺につながることもあり，注意が必要です。いつもとようすが違うと感じたら，医療機関を受診しましょう。

（7）事故（転倒・窒息・溺死など）や熱中症に気をつける

家の内外の環境を確認し，事故や熱中症を防ぎましょう。

---

❷**介護予防**　元気な人は介護が必要な状態にならないように，介護が必要な人もそれ以上悪くならないようにするための取り組みです。

❸**低栄養**　からだを維持するのに必要な栄養，特にエネルギーとたんぱく質が不足した状態のこと。低栄養状態が続くと，免疫力，体力，筋力，骨量，気力などが低下し，さまざまな病気や寝たきり，認知症になりやすくなります。

TRY

視力や聴力，口腔機能の衰えにより，高齢者の生活や心身の状態にどのような影響があるか考えてみよう。

資料11 **高齢者のうつ病のサイン**

☑ からだに不調（頭痛，腹痛，めまいなど）が出るが，異常がない
☑ 習慣だったことができなくなる
☑ 無口，ぼーっとしている
☑ 趣味や好きなことへの興味の低下
☑ 食欲がなく，体重が減ってきた
☑ 眠れなくなった
☑ 不安，あせり，緊張を強く訴える
☑ 死にたい気持ちをほのめかす

まとめ

●各ライフステージにおける健康課題や目標を理解できた。……………□
●生涯にわたる健康のために必要な生活習慣や取り組みについて理解できた。
………………………………□

第2章 少子高齢化の現状と高齢者の特徴

第1節 少子高齢化の現状

ねらい

● 日本の高齢化の要因と推移について理解しよう。

❶**出生率と死亡率**　出生率は人口1,000人あたりの出生数。死亡率は人口1,000人あたりの死亡数は‰と表示し，パーミルと読みます。

❷**晩婚化**　平均初婚年齢が以前と比べて上昇していることをさします。日本では1975年の平均初婚年齢は夫27.0歳，妻24.7歳でしたが，2021年は夫31.1歳，妻29.4歳で，夫は4歳，妻はそれ以上に上昇しています（厚生労働省『人口動態統計』）。

❸**高齢化率**
高齢化率(%) ＝ $\dfrac{65歳以上人口}{総人口}$ ×100

❹**高齢化社会と高齢社会**　一般に高齢化率が7%以上を高齢化社会と呼び，高齢化率が14%以上を高齢社会と呼びます。

1. 人口の少子高齢化

① 日本の少子高齢化の過程

　日本の人口の少子高齢化の推移は 資料1 で見られます。第二次世界大戦後の第一次ベビーブーム（1947～1949年）の後，子どもの数は減って**出生率**❶は低下し続けました。1975年ころからは**晩婚化**❷などによりいっそう子どもの数は減りました。一方，医療技術の進歩や栄養の改善などにより**死亡率**❶は低下し，長生きする人が増えています。このような結果として人口の**少子高齢化**が起こりました。

② 日本の高齢化率

　人口高齢化の状況を**高齢化率**❸（総人口に占める65歳以上の人口の比率）で表すと，日本では1970年に高齢化率が7%に達して「**高齢化社会**❹の仲間入りをした」といわれました。第二次世界大戦後の第一次ベビーブーム世代（いわゆる団塊の世代） Column が高齢者になった2010年以降，高齢化はいっそう進み，その後も増え続けると推測されています。

資料1 **日本の高齢化の推移と将来推計**

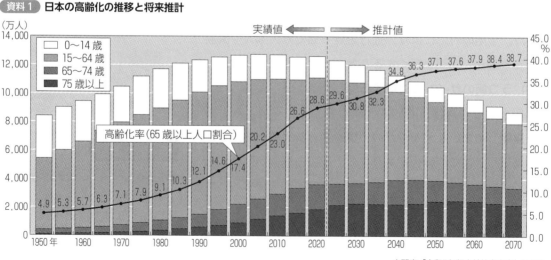

内閣府「令和5年版高齢社会白書」による。

2. 日本における高齢化率と高齢化の速度

　日本の高齢化率は高い水準にあり，今後もドイツ，フランス，スウェーデンなどと共に高齢化率の最も高い国のグループであり続けると予想されています。しかも，**高齢化の速度**は速く，フランスでは100年以上かかった過程を日本は24年で到達しています 資料2 。日本は高齢化の到達点においても速度においても他に例を見ない国であり，それだけに高齢化に適した社会をつくっていかなくてはなりません。

TRY

　少子高齢化が進むことにより，あなたの住んでいる地域にはどのような課題が生じるか，話しあってみよう。また，少子高齢化による地域課題の解決に向けた取り組みについて，実践例を調べてみよう。

資料2 　**主要国における高齢化率が7％から14％へ要した期間**

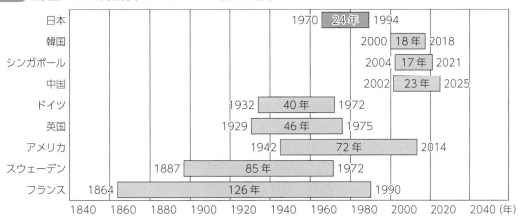

注．1950年以前はUN, The Aging of Population and Its Economic and Social Implications（Population Studies, No.26, 1956）及びDemographic Yearbook，1950年以降はUN, World Population Prospects：The 2019 Revision（中位推計）による。ただし，日本は総務省統計局「国勢調査」，「人口推計」による。1950年以前は既知年次のデータを基に補間推計したものによる。
国立社会保障・人口問題研究所「人口統計資料集（2022年）」による。

Column

ベビーブームと団塊の世代

　日本では1947年から1949年にかけて男性が戦地などから帰国し既婚男性が増えました。その結果，この3年間に出生数が毎年250万人をこえ，総数で約806万人となりました。この時期を第一次ベビーブーム時代といい，この期間に生まれた世代を「団塊の世代」といいます。なお，団塊の世代が成人した後の1971年から1974年ころには子どもが多く出生し，この間の出生数は200万人をこえました。この時期は第二次ベビーブームと呼ばれ，このころ生まれた世代は「団塊ジュニア」といわれています。

☑ **まとめ**

●日本の高齢化の要因と推移について理解できた。……………………………□

第2節 家族・地域の変化

ねらい

- 高齢者の暮らし方の変化について理解しよう。
- 高齢化や世帯構成の地域差を理解し、地域の実情に即した福祉サービスを考えよう。

❶世帯と家族　家族とは、一般には親子、兄弟など少数の近親者を主要な構成員とする集団をさして、日常的によく使われる言葉です。しかし、法律や統計には「家族」という用語はほとんど使われません。法律や行政では「住居と生計を一つにする集団」である「世帯」という言葉が使われています。

❷家制度　かつて家は個人をこえて先祖から子孫へと継承され、継承の担い手（跡取り）は長男でした。そして、結婚した長男が親と同居して経済的に養い、介護やみとりをし、孝養をつくすべきだとされていました。

❸同居率　高齢者のうち子どものだれかと同居している比率をさすことが多くなっています。ただし、最近は同一建物内別居（例：1階と2階）、同一敷地内別居、隣に住む隣居、わずかに離れて住む近居なども増えています。同居ではなくても、祖父母がしょっちゅう孫の面倒を見ているようなケースも少なくありません。同居と別居の間の線引きは複雑化、多様化しています。

1. 高齢者の暮らし方

　高齢者がどのような人と一緒に暮らしているのか、また家族❶とどのような関係を持っているのかによって、高齢者の暮らしの困難な状況は異なってきます。特に心身が弱くなってからは、ちょっとした家事の手伝い、心身の状態が急変した時の対応などの支援が家族や地域から得られれば、それが生活の困難をやわらげ、安心につながりやすくなります。

①家制度と家族関係

　日本では第二次世界大戦前は家制度❷の規範が強く、結婚した長男が親と同居して経済的に養い、介護やみとりをすることが当然の義務だと考えられてきました。しかし、資料1 に見られるように、戦後は親と既婚子との同居率❸は年々低下し、高齢者の夫婦世帯や単独世帯が増えています。

訪問理容サービス
一人で外出できない高齢者のために、自宅に訪問して理容サービスを行う。

資料1 高齢者（65歳以上）の属する世帯構成の変化

	単独世帯	夫婦のみの世帯	親と未婚の子のみの世帯	三世代世帯	その他の世帯
1980年	10.7	16.2	10.5	50.1	12.5
1990年	14.9	21.4	11.8	39.5	12.4
2000年	19.7	27.1	14.5	26.5	12.3
2010年	24.2	29.9	18.5	16.2	11.2
2022年	31.8	32.1	20.1	7.1	9.0

厚生労働省「国民生活基礎調査（2022年）」による。

2. 高齢化と世帯構成の地域差と福祉サービス

　高齢化率や高齢者の世帯構成については国内でも大きな地域差があります。おおむね，都市部やその周辺で高齢化率は低くなっています 資料2 。その地域差は市町村単位でも大きくなっています。

　また，市町村ごとの違いは高齢化率だけではなく，気候や交通の便など多岐にわたります。そのため，福祉サービスは地域の実情をよく調べ，それに合うように考えていかなければなりません。たとえば高齢化率が高く，かつ単身で居住をしている高齢者が多い地域でなおかつ雪が深い地域であれば，そのような背景に対応して高齢者の住宅の雪下ろしを行ったり，訪問理容サービスなどの福祉サービス Column を考える必要があります。

TRY

あなたの住んでいる市区町村の高齢化率を調べてみよう。また，どのような福祉サービスが自分の住んでいる市区町村に必要か考えてみよう。

第2章

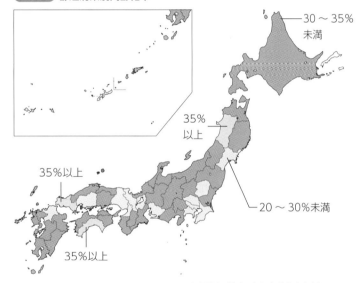

資料2 都道府県別高齢化率

30〜35%未満

35%以上

20〜30%未満

35%以上

35%以上

厚生労働省「令和4年版高齢社会白書」による。

Column

除排雪サービス（北海道小樽市）

　北海道小樽市では，一人暮らしの高齢者世帯や一人親世帯などを対象に除排雪サービスを実施しています。サービス概要は①玄関先から公道までの幅1m程度の生活路の除排雪を行う，②居住している住宅の屋根の雪下ろしの費用を1万円を上限として助成する，などです。
　いずれも利用に際して細かい規定（除排雪の対象が持ち家であることや除排雪を支援してくれる親族や知人等が近くに住んでいないこと，自力での除排雪が困難な場合など）と制限（1シーズン3回までなど）があります。

まとめ

●高齢者の暮らし方の変化について理解できた。 ……………………………□
●高齢化や世帯構成の地域差を理解し，地域の実情に即した福祉サービスを考えられた。 ……………………………□

第 3 節 高齢者の心身の特徴

（折り込み活用推進の取り組み事例と活用）

ねらい

●加齢に伴う心身の変化と個人差について理解しよう。

❶**加齢** 誕生から死亡までの間に年を重ねていくこと，およびその時間経過のことをいいます。

❷**老化** 成熟期以降に見られる衰退を中心とした変化のことです。

❸**咀嚼機能** 食べ物を嚙みくだく口腔（顎，頬，歯，舌，唇など）のはたらきのことです。

❹体内に占める水分量は新生児では体重の約70％です。成人では約60％，高齢者では約50％と，加齢と共にその割合は減少します。

❺心臓や腎臓，血管などの臓器の筋力の低下や機能の低下により，動脈硬化や高血圧，糖尿病，頻尿などの症状が現れてきます。

1. 高齢者の心身の特徴と病気

①加齢と老化

　人間の加齢❶は誕生から全生涯にわたります。なかでも，心身の成熟が完了した以後に，衰退を主とする老化❷が見られます。また，食事や睡眠などの生活習慣は，老化を促進したり病気や障がいの出現に影響します。加齢による変化は，他の年代に比べて高齢者に特徴的に現れます。そして，その現れ方には個人差があります。

②高齢者の身体的特徴

　老化によってさまざまな身体的変化が起こります 資料1 。認知症になったり，咀嚼機能❸が低下して，栄養状態が悪くなったり，からだの水分量が減り❹，脱水や便秘になったりします。皮膚感覚もにぶくなり，さらに，内臓の機能も低下❺します。老化による変化は，健康に影響を及ぼします。

資料1 高齢者の身体的特徴

視力の低下や白内障などの目の病気でよく見えなくなる

歯が抜けて食事が食べられなくなる

血管が硬くなり血圧が高くなったり心臓や脳の血管の病気を引き起こしたり，糖尿病などの病気になったりする

短期記憶力が低下したり認知症になる

聴力が低下し，耳が聞こえにくくなる

肺活量が低下し，呼吸が苦しくなりやすい
免疫機能が低下し，肺炎になりやすい

筋力低下による転倒や，骨がもろくなり骨粗しょう症により骨折しやすくなる

③高齢者の心理的特徴

　高齢者の心理的特徴として短期的な記憶力は低下しますが，昔の体験や知識などの記憶力は保たれます。また，**流動性知能**[6]は減退しますが，**結晶性知能**[7]は高齢者になっても維持されます 資料2 ・ 資料3 。

2. 個人差とエイジズム

　高齢者の健康は遺伝やそれまでの生活習慣などの影響を受けています。そのため，同じ年齢の高齢者でも健康面に個人差があります。高齢者を一律に「老化で何もできない人」として差別することを**エイジズム**といいます Column 。病気や障がいを持ちながらもその人が望む満足できるQOL（生活の質）を確保すること，その人が生きがいを見いだしていけるような高齢者への支援が必要です。

[6]流動性知能　短時間で多くのことを覚えたり，計算をしたり，流ちょうに話す能力のことをいいます。

[7]結晶性知能　それまでの人生の経験によって習得した能力で，ものごとの判断力や理解力，漢字や語の意味などを理解する能力のことをいいます。

資料2 　流動性知能と結晶性知能の関係

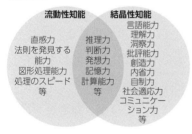

佐藤眞一『「結晶知能」革命』より作成。

資料3 　流動性知能と結晶性知能の発達的変化

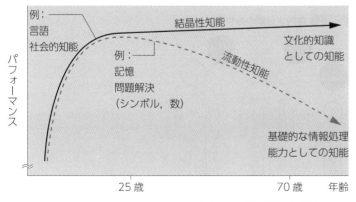

東洋ほか訳『生涯発達の心理学』による。

Column

エイジズム

　アメリカの精神科医・老年学者のロバート・バトラー（Robert Butler, 1927〜2010年）によってつくられた用語です。

　年齢に対する偏見や，ステレオタイプ（行動や考え方が固定的・画一的なこと）にもとづく差別を総称してエイジズムといいます。

　具体的には，医療介護の現場で高齢者を赤ちゃん扱いしたり，労働の場で労働能力とは無関係に年齢を理由として解雇したり，などが問題とされています。アメリカでは年齢を理由にした強制退職は特定の職種を除いては年齢差別とみなされています。

　人種差別（レイシズム），男女差別（セクシズム）に並ぶ重大な差別問題と考えられています。

✓ まとめ

●加齢に伴う心身の変化と個人差について理解できた。………………□

第4節 高齢者の病気

ねらい

●恒常性を維持する力の低下によって起こることと，老年病について理解しよう。

❶ストレッサー　ストレスの原因になる物理的・精神的要因（たとえば，寒暖，外傷，怒り，不安など）のことをいいます。

❷合併症　ある病気が原因となって起こる別の病気のことをいいます。

❸生活不活発病　過度の安静や活動性の低下によって筋力が低下し，歩行などの活動ができなくなることです。廃用症候群ともいいます。

❹水・電解質異常　大量の発汗や嘔吐，腎臓の病気などによって，血液や細胞のなかの水と，ナトリウムやカルシウムなどの電解質のバランスが崩れた状態のことです。

1. 高齢者の恒常性機能

　人のからだは健康を保つために**恒常性機能**を備えています。**恒常性**とは身体内部および外部の変化に応じて調整し，常に安定性を保とうとするはたらきをいいます。この恒常性を維持するためにからだのなかでは，**ストレッサー❶**を防御したり，ストレッサーによるダメージを回復する力が働いています。しかし加齢によってこの力に変化が起こり，恒常性が維持されにくくなります。

　高齢者は恒常性を維持する力が低下することにより，疾病の症状が典型的でなかったり，**合併症❷**や**生活不活発病❸**など複数の疾病を持ったり，病状が急変するといった特徴があります。その他に，回復に時間がかかったり，脱水や**水・電解質異常❹**，意識障害を起こしやすかったりします。

　脱水を例にあげます。高齢者は体内の水分量 資料1 が体重の約50％と小児や成人に比べて少ないので，のどの渇きを感じにくく，水分を摂取しないことがあります。さらに，腎機能の低下や，尿が近いためにトイレに行く回数を減らしたいという意識から水分摂取を控える傾向があります。そのために脱水症状が起こり，場合によっては水・電解質異常によって昏睡やけいれんを起こすこともあります。これらは恒常性と恒常性を維持する力の変化によって引き起こされます。

資料1 体内水分量のめやす

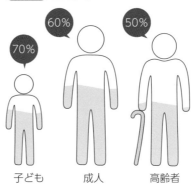

子ども　　成人　　高齢者

2. 高齢者の老年病

　高齢者に特有の疾患を総称して**老年病**といい，老人病と同義語になります。老年病は成人期には少なく，高齢期に入ると多く見られ，成人期までとは症状や治療方法が異なります。
5　代表的な老年病として，**認知症，脳血管疾患❺，心疾患❻，誤嚥性肺炎❼**などがあり，65歳以上の高齢者の死因の上位を占めています。
　　▶p.14，p.26
　その他，**サルコペニアやフレイル，ロコモティブシンドローム** 資料2 も老年病に該当します。サルコペニアは筋肉の量
10　が減って立ち上がったり歩いたりする運動する力が弱くなった状態をいいます。フレイルは，体重の減少や疲労感があったり，歩く速度が遅くなったりし，身体的，精神的，社会的側面から判断されます。ロコモティブシンドロームは，骨や筋肉，関節，神経などのからだを動かすのに必要な組織や器
15　官が障がいされて，立ったり，歩いたり，バランスを保つことができなくなることをいいます。サルコペニア，フレイル，ロコモティブシンドロームになると，日常生活に介護が必要となり，寝たきりへと症状が進んでしまいます。
　老年病は，食事，運動，睡眠などの日常生活のなかで予防
20　するように心がけることが大切です。

❺**脳血管疾患**　脳の血管が破れて出血したり，脳の血管が詰まったりする脳の血管の病気の総称のことです。

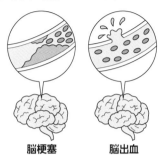

脳梗塞　　　　　脳出血

❻**心疾患**　心臓の病気の総称で，心臓の血管が狭くなる狭心症や，心臓の血管が詰まる心筋梗塞が代表的なものです。

❼**誤嚥性肺炎**　食べ物が食道ではなく気管に入って起こる肺炎のことです。

TRY

サルコペニア・フレイル・ロコモティブシンドロームについて，予防や改善の方法を調べてみよう。

資料2 **サルコペニア・フレイル・ロコモティブシンドローム**
**　　　の関係**

サルコペニア	フレイル	ロコモティブシンドローム
全身の筋肉が減少すること	要介護の一歩手前の状態	運動に必要なからだのしくみがうまく働かなくなること

☑ **まとめ**

●恒常性を維持する力の低下によって起こることと，老年病について理解できた。……………………………………☐

ねらい

●高齢者の主な疾患とその症状を理解し，対応方法について考えよう。

❶失語症 脳の言語をつかさどる部位の損傷により，一度獲得した言語の機能に障がいが生じることです。相手の話を理解したり，自分の考えを整理して話したりすることができないことです。

❷構音障害 構音障害が生じる原因のうちで，脳の障がいによる運動障害性が一番多いタイプです。声帯や舌，唇などの発声器官を動かす脳神経が損傷して生じます。話したいことは頭では整理できていても，ろれつが回らなかったり，言葉が不明瞭になったりします。

❸失行 やるべき動作を理解しているにもかかわらず，自分の思いどおりの行動ができないことです。そのため，洋服の着脱ができないなどの症状があります。

❹視野 正面を見た時の上下の幅と左右の幅の見える範囲のことです。

❺無症候性脳梗塞 症状はまったくなく，脳の画像検査で偶発的に見つかった脳梗塞のことです。細い血管が詰まっているのに，症状がないため，隠れ脳梗塞や微小脳梗塞などともいいます。

1. 麻痺

①麻痺の原因

麻痺は脳や脊髄などの神経に障がいが加わって起こります。障がいが加わる原因としては，脳の血管が詰まることによって起こる脳梗塞や脳の血管が破れて出血する脳出血などの脳血管疾患，首や背骨などを骨折した時などに起こる脊椎損傷などがあります。高齢者では脳血管疾患による麻痺が最も多く見られ，介護が必要になる原因の1位です。

②麻痺の症状

脳が障がいを受けた部位によって，出現する症状や障がいの重症度は異なります。右脳と左脳が支配しているのはからだでは反対側になるため，麻痺のなかでは片麻痺が多く見られます。片麻痺とはからだの片側の腕と脚に起こった麻痺のことです。腕の左右どちらかだけの麻痺は単麻痺といい，両脚の麻痺は対麻痺といいます 資料1 。麻痺は動かすことができなくなるだけでなく，「熱い」「痛い」といった感覚がなくなります。そのため，麻痺している部位が，けがややけどなどをしないように注意する必要があります。

脳血管疾患は麻痺以外に**失語症❶**や**構音障害❷**などのコミュニケーション障害の他，**失行❸**や**視野❹**の障がいなどが起こり，日常生活に支障をきたすこともあります。また，高齢者には**無症候性脳梗塞❺**も少なくありません。顔面の麻痺もあります 資料2 。

資料1 **麻痺の分類**

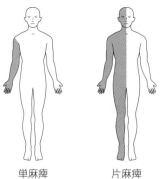

| 単麻痺 | 片麻痺 | 対麻痺 | 四肢麻痺 |

■部分が麻痺の部位

資料2 **顔面の神経麻痺による顔の左右差**

2. 聴覚障害

　高齢者の難聴の多くは老人性難聴です。老人性難聴とは加齢以外に原因がなく、50歳以上になって徐々に両耳が同じ程度聞こえづらい状態になったものをいいます。聴力検査の際に**30dB❻**以上の聴力の低下がある場合に難聴と診断されます 資料4 。高齢者の聴力は高音域が聞き取りにくくなりますが、徐々に中・低音域も聞こえにくくなります。そのため人との接触を避けるようになったり、耳からの情報が入りにくくなることで不安やイライラなどが起こったり、警報やサイレンなどが聞こえないことによって事故に巻きこまれたりといったことがあります。

　高齢者に接する時には、「大きな声」で、「低めの声」で、「ゆっくり」と、「わかりやすい言葉（たとえば「体温」ではなく「熱」など）」で話すことが大切です❼。

❻30dB　dB（デシベル）は音の大きさを、Hz（ヘルツ）は音の高低を表すのに使われます。
通常の会話は60dB程度のため、聴力の低下が30dB以上だと小声が聞き取りにくくなり、40dB以上になると聞きまちがいが増えます。

❼日常的な工夫でも聞こえにくい場合には補聴器を検討する 資料3 。

資料3　補聴器の種類

機種	耳あな型	耳かけ型	ポケット型
メリット	・小さくて目立たない ・音が自然に聞こえる ・帽子やメガネ、マスクをつけていても邪魔にならない	・多機能の製品が多い ・バリエーションが多い ・ハウリングが起きにくい	・大きな音を出せる ・操作が簡単 ・紛失しにくい
デメリット	・紛失しやすい ・ハウリングが起こりやすい	・汗の影響で故障のリスクがある ・帽子やメガネ、マスクをつけていると邪魔になる	・大きくて目立つ ・コードが邪魔になる ・衣ずれ音が入ることもある
向いている人	・補聴器が目立つのが嫌な人 ・帽子やメガネ、マスクをつける人	・高性能なものが欲しい人	・重度難聴の人 ・外で使用することを目的としていない人

資料4　聴力の年齢変化

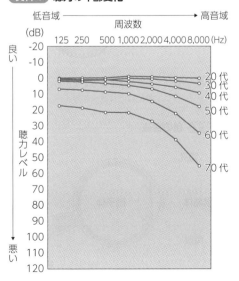

立木孝「よくわかる難聴」を一部改変による。

資料5　難聴に対応した便利グッズ

もしもしフォン

筆談に便利な簡易筆談器

3. 視覚障害

①視覚障害の症状

高齢者に多い視覚障害として，**老視**や**老人性白内障**，**緑内障**があります。老視は，いわゆる老眼のことで，加齢に伴い水晶体 資料7 が弾力を失ってピントの調節力が弱くなり，近くに焦点を当てることができにくくなるために起こります。老人性白内障は，水晶体が白濁することによって起こります。白内障では視界全体が白っぽく，霧がかかったように見えます。明るいところではまぶしく感じることがあります。緑内障は，**眼圧**[1]が高くなって視神経に障がいが起こることで視野が欠ける疾患です。また，最近は見ようとするものがゆがんで見えたり，中心部がぼやけたりする**加齢黄斑変性**[2]の増加も注目されています。

②視覚障害への対応

視力の低下などの視覚障害が生じると，新聞や本が読めなくなったり，パンフレットが読めないなど，日常生活が制限されるだけでなく，大切な情報が把握できなくなります。そのため，照明や文字の大きさ，色使いなど，見やすくなる工夫をすることが大切です。

[1]**眼圧** 眼球の形を保つための眼球内の液体の圧力のことです。

[2]**加齢黄斑変性** 眼のなかのカメラのフィルム代わりの部分を網膜といいます。網膜に映った映像を視神経が脳に伝える網膜の中心部分を黄斑といいます。黄斑が加齢によってダメージを受けて変化し，視力の低下や物がゆがんで見えたりする病気です。

資料6 **視覚障害者に対応した便利グッズ**

測定値を画面表示と音声で知らせてくれる血圧計

測定手順と測定結果を画面表示と音声で知らせてくれる体温計

視覚障害によってまぶしさを感じる際に有効な遮光眼鏡

資料7 **目の構造**

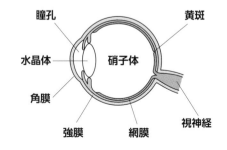

瞳孔　黄斑　水晶体　硝子体　角膜　視神経　強膜　網膜

4. 認知症

①認知症の種類

認知症とは、いったん正常に発達した知的機能が持続的に低下し、日常生活に支障をきたす状態をいいます。一般的にいわれている「物忘れ」は日常生活に支障をきたすことはなく、認知症とはその点で大きく異なります。認知症には**脳血管性認知症**や**アルツハイマー型認知症**があります 資料8 。

②認知症の症状

脳血管性認知症では脳血管の障がいの発生部位や程度によって症状が異なりますが、初期のころであれば人格や判断力は保たれ、いわゆる**まだら認知症**❸の状態が認められます。

アルツハイマー型認知症は進行性で、初期には**記銘力**❹の低下、中期には古い記憶についても障がいが現れます。また、**見当識障害**❺が見られ、判断力も低下します。

❸**まだら認知症** 同一人物が、日によって、場合によっては1日のなかで時間帯によって、認知症の症状が出たり出なかったり差があることや、できることやできないことに差がある状態のことをいいます。脳血管疾患、特に脳梗塞が原因になっていることがあります。

❹**記銘力** 最近の新しい記憶を保持する力のことです。たとえば、今日は何日かや、朝ご飯を食べたことを覚えていることなどです。

❺**見当識障害** 見当識とは時間や場所、人物を認識する機能で、見当識障害とはその機能に障がいが起きることです。通い慣れている道で迷子になったり、家族の顔や名前がわからなくなったりします。

資料8 **脳血管性認知症とアルツハイマー型認知症の特徴**

認知症の種類	脳血管性認知症	アルツハイマー型認知症
原因	脳出血・脳梗塞・くも膜下出血などの脳卒中の発作によって、脳の神経細胞が障がいを受けて起こる。	脳の神経細胞が、明らかに変性・脱落することによって起こるが、その原因は、はっきりわかっていない。最近の研究では、脳の神経細胞が少なくなり、老人斑という脳にできるしみや、アルツハイマー原線維が脳全体に広がるために発生するといわれている。
進行状態	比較的軽症で、記憶障害は、島状に記憶が残っている者が多い。しかし、脳卒中の発作を繰り返すことによって、だんだんと認知症の程度が進んでいく。	比較的穏やかに進行するので、発病の時期がはっきりしない。
身体症状	病状が進むと移動に障がいが出てきて、寝たきりになる。	日常動作は活発で、自由に動きまわる。衝動的に家を出たり、夜中に動きまわったりする。

まとめ

●高齢者の主な疾患とその症状を理解し、対応方法について考えることができた。......□

年齢を重ねる〜疑似体験してみよう〜

　高齢になると，日常生活動作がしにくくなる（ADLが低下する）ことがあります。その状況を体験し，どんなサポートが必要かを考えてみましょう。体験者役と介護者役と見守り役（観察・記録）の3人で行い，けがのないように注意して取り組みましょう。

ケース1　耳が聞こえにくい。

耳栓をして音を聞いてみます。

ケース2　目が見えにくい。

アイマスクやゴーグル，
ラップをした眼鏡をかけ
てみます。
見え方がどう変わるのか
確認してみましょう。

ケース3　細かい作業がしにくい。

手袋を二重にし，テープで指2本を巻きます。
現金で支払うなど，作業を急かされる体験をしてみましょう。

ケース4　腕が上がらない。

利き腕を三角巾でつってみます。
反対の腕で文字を書いたり，トイレに行ったりしてみましょう。
手すりや取っ手などがどこにあると良いのかなど，考えてみましょう。

ケース5　関節を動かしにくい。

新聞紙などで添木をしてラップで関節を巻き固定します。
座る，立つ動作や，玄関で靴を脱ぐ体験をしてみましょう。
床に落ちているものを拾ってみましょう。

Ｑ　高齢者の方に，日常生活で不便なことを聞いてみましょう。

考えてみよう

p.40で行った疑似体験にもとづいて，改善できることを考えてみましょう。

記入例

体験した日常生活動作 （ADL）	体験した状況	危険因子の予測	私たちにできる環境改善 （自立支援）
耳栓をして生活した。	・同じ部屋にいても，家族が普段話す音量では何も聞こえない。 ・ちょっと大きめの声で話してもらうと聞こえるが，何を話しているのかはわからない。 ・テレビの音量を相当上げたが，近づかないと聞こえない。	・大雨や雷の音が聞こえるかどうかわからない。 ・緊急時の声がけや警報が聞こえないかもしれない。 ・避難時の指示を正確に聞くことができないかもしれない。	・手元で聞こえるスピーカーを設置して，テレビの音を聞きやすくする。 ・補聴器などの利用を検討する。 ・近所の住人や交番に，耳が聞こえにくいことをあらかじめ知らせておき，災害時などに支援してもらう。

調べてみよう

高齢者の生活を助ける自助具には，どのようなものがあるか調べてみましょう。
（自助具の名称・使い方・素材・価格など）

つくってみよう

腰が曲げられず，かがめない人のために，靴下を履く自助具（ソックスエイド）をつくってみよう。

[用意するもの] 　[作成方法]

買い物用
ポリエチレン袋

1. ポリエチレン袋の両端を10cm程度谷折りします。

2. 両端をさらにもう一度谷折りします。

3. 筒状になるように両端を折りたたみます。

4. ポリエチレン袋を靴下の先端まで通します。

靴下をはかせてね

Check!

□ADL低下の体験とそのサポートの方法ついて考え，行動することができた。

□福祉用具や身近なものを用いて，動作を改善する工夫を調べることができた。

□サポートを実際に必要とする場面が具体的にイメージできた。

第6節 高齢者の生活課題と施策

ねらい

● 高齢者の主な生活課題について理解しよう。
● 高齢社会対策としての就業支援や年金制度，高齢者の安全・安心や社会参加のための取り組みについて理解しよう。

❶定年 企業や官庁で従業員が一定の年齢を迎えたことによって退職するように定められていることです。

❷非正規雇用 一般に期間の定めのない雇用契約で働くことを正規雇用といい，それ以外のパートタイム，アルバイト，契約社員，派遣社員など期間を限定した雇用契約で働くことを非正規雇用といいます。

❸年金制度 高齢期には安定的・継続的に収入を得ることが難しくなるので，それに備えて公的な年金制度があります。 ▶p.45

❹高齢者世帯 65歳以上の者のみで構成されるか，またはそれに18歳未満の未婚の者が加わった世帯のことです。

1. 高齢者の生活課題

　一般的な高齢者の生活課題は大きく分けて就労や経済的問題，身体の健康やそれにかかわる家事・介護などの問題，精神的問題の三つに分けられます。

①就労や経済的問題

　まず，自分らしい高齢期を過ごすためには，安定した収入が必要です。家族のだれかが仕事をして収入を得ているケースが多いのですが，高齢期になると，被雇用者（雇われて働く人）の多くには**定年❶**退職があります。定年後に備えて，各自が貯金や資産運用などをしていますが，それだけで生活費をまかなうには高齢期はあまりにも長くなっています。

　そこで，定年退職後にも働きたいという人が多くなっていますが，パートタイムやアルバイトなどの**非正規雇用❷**が多く，就業収入は退職前より減少する場合がほとんどです。からだが弱って就労が困難になる場合もあるので，高齢期に安定した収入が継続して得られるように**年金制度❸**があります。高齢期は就業収入から年金収入へと置き換わる時期となります。高齢者の所得格差は大きく，収入が低くて生活に苦労している人も少なくありません〔資料1〕。

〔資料1〕 **高齢者世帯❹と全世帯の所得分布（1年当たり）**

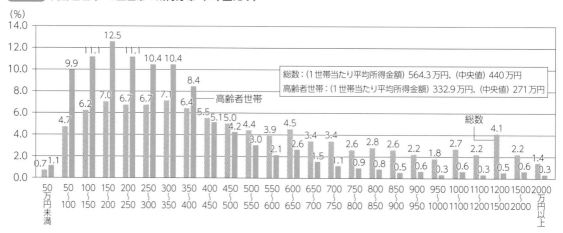

```
総数：(1世帯当たり平均所得金額) 564.3万円、(中央値) 440万円
高齢者世帯：(1世帯当たり平均所得金額) 332.9万円、(中央値) 271万円
```

注．高齢者世帯とは，65歳以上の者のみで構成するか，またはこれに18歳未満の未婚の者が加わった世帯をいう。

厚生労働省「2022年（令和4年）国民生活基礎調査」による。

②健康や家事・介護問題

　これまで学んだように，高齢期には加齢による変化が現れますが，それには個人差があります。また何らかの自覚症状を訴える人（**有訴者**）は半数前後います　資料2，日常生活に影響がある人は多くはありません。

　健康を維持しても，若いうちから生活的自立ができていなければ，日常生活の自立は難しくなります。男女共に家事や身の回りのことができ，経済的にも自立できるようにしておくことが大切です。また日常生活の自立ができなくなった，あるいは要介護になった時，どこに支援を求めるのかなどの制度的なしくみを知っておくことも重要です。

③精神的問題

　高齢期には職業生活からの引退や，子どもの独立（就職・結婚など）で，それまでの人生のなかで大きな位置を占めてきた役割を失うことが多くなります。配偶者や友人との死別によって生きがいを喪失したり，孤独を感じる人も増えてきます。また，生活の変化への適応に困難を感じたり，うつ病や認知症など精神的な病気になる人も出てきます。

　一方で，高齢者のなかにはこの時期を役割からの解放と見て，趣味や学習，ボランティアなどに新たな生きがいを見いだす人もいます。社会との接点を持ち，豊かな人間関係を築くことは生きがいをもたらしたり，高齢者が自分たちの問題を解決したりするきっかけになることもあります。

TRY
あなたはどのように高齢期の生活を送りたいか，社会や家庭での役割や余暇活動などについて考えてみよう。

第2章

資料2　65歳以上の有訴者率と症状

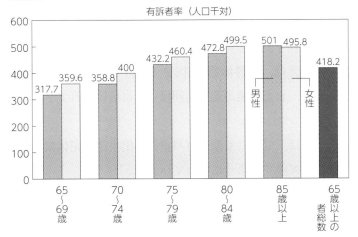

厚生労働省「2022年（令和4年）国民生活基礎調査」による。

2. 高齢社会に対する施策

　日本の高齢社会対策の枠組みは**高齢社会対策基本法**（1995年制定）にもとづいています。この法律によって**高齢社会対策大綱**がつくられ，数回の修正を経て，2018年に最新のものが策定されました。そこでは，就業・年金・健康・医療・介護・社会参加・学習などの分野ごとに基本的な高齢社会対策の指針が示されています。ここでは，雇用・就業支援，年金，安全・安心，社会参加と学習機会について学習します。

①雇用・就業支援

（1）高齢者の雇用

　政府は，高齢者が意欲と能力のある限り年齢に関係なく働き続けることができる社会（**生涯現役社会**）の実現のため，取り組みを進めています。高齢者を対象とした対策としては，高年齢者等の雇用の安定等に関わる法律（高齢者雇用安定法）で70歳までの就業が事業主の努力義務となりました。また，定年退職後の再就職・起業の支援を行う他，臨時的・短期的な就業として**シルバー人材センター❶**事業を支援し，身近な地域で安心して働けるようにしています。

（2）育児・介護休業法

　育児休業，介護休業等育児又は家族介護を行う労働者の福祉に関する法律（育児・介護休業法）によって一定の条件を満たせば，介護や育児のために休業ができます。おおむね，育児休業は子が1歳になるまでの休業を保障し，介護休業は要介護状態にある家族一人について通算93日を上限とする休業の権利を認めています。この休業をとりやすくなるように，たとえば，介護休業を3回まで分けて取得することも可能になり，また休業の適用範囲は徐々に広げられてきています。

　近年では，父親にも産後パパ育休（出生時育児休業）などの権利を保障するようになっています。

　ただし，育児休業の取得率 資料3 にはまだ大きな男女差があり，2021年の女性の取得率が85％以上だったのに対し，男性は14％未満でした。

---

❶シルバー人材センター　高齢者が働くことを通じて生きがいを得ると共に，地域社会に貢献するための組織で，おおむね市区町村に一つあります。自治体，企業や家庭から，臨時的・短期的で軽易な業務（駐輪所の整理，草とり，宛名書きなど）を請け負い，高齢者に委任しています。仕事の報酬ははたらきに応じ分配されます。

TRY
あなたの住む地域のシルバー人材センターについて調べてみよう。

資料3 **育児休業取得率**

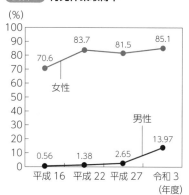

厚生労働省「雇用均等基本調査」による。

グラフ：（％）縦軸0〜100。女性：平成16年 70.6，平成22年 83.7，平成27年 81.5，令和3年度 85.1。男性：平成16年 0.56，平成22年 1.38，平成27年 2.65，令和3年度 13.97。

②年金

　高齢期には安定的・継続的な収入が得られなくなることから，それに備（そな）えるために**国民年金制度**や**厚生年金制度**などの公的年金制度があります。国民年金制度は，日本に住所を持つ20歳以上60歳未満の者は全員加入が義務づけられています。原則として20歳から保険料を支払い，障がい者になった場合には一定の条件のもとで障害基礎年金が給付されます。加入期間が10年以上になると，65歳から生涯にわたって老齢（ろうれい）基礎年金を受け取れます。老齢基礎年金の給付額は加入月数に比例し，税金も投入されています。学生，自営業，アルバイトなどの人は自分で納付手続きをする必要があります。未納期間があったり，加入期間が不足していると年金を受け取れない場合がありますが，学生が保険料を納められない場合の**学生納付特例制度❷**もあるので，遠い将来のことだと放置しないでしくみをよく学び，障がいを負った場合や老後に備えておく必要があります 資料4 。

　資料4 のように，日本の公的年金制度は「2階建て」といわれ，一定条件を満たす被用者になると厚生年金制度にも加入することになります。被用者の場合は加入時から従業先と共に給料に応じた保険料を支払い，障がいを負った時には障害厚生年金が給付されます。また，10年間以上の納付があれば，高齢者になった時に，納付期間や給料水準に応じた老齢厚生年金が受けられます。

　このように，年金が「2階建て」であることから，国民年金の被保険者には3種類あり，それぞれ保険料の徴収（ちょうしゅう）のルールが異なります。厚生年金に加入している会社員，公務員は第2号被保険者となって，勤務先が国民年金の保険料も一緒（いっしょ）に給料から徴収しています。第2号被保険者に扶養（ふよう）されている配偶者（はいぐうしゃ）を第3号被保険者といい，この人たちは独自に国民年金の保険料を納めなくても，配偶者の支払いが条件を満たすと年金の受給権を得ます。第1号は農業者や自営業者，学生，無職の人たちですが，加入は個人単位になり，夫婦ともこれに当たるときは夫婦別々に保険料を納める必要があります。

❷**学生納付特例制度**　学生で国民年金の保険料を納められない場合，申請すれば在学中の保険料納付を猶予（ゆうよ）でき，納付期間として認められる制度。後で追納（ついのう）することもできます。申請をしないで滞納（たいのう）したままだと，かりに事故にあって障がいを負っても障害基礎年金の対象外になってしまいます。

資料4 **公的年金制度のしくみ**

注. 3 階部分にあたる企業年金などについては省略した。

コンビニでの 特殊詐欺防止事例

70代ぐらいの男性が来店し，2千円分のプリペイドカードを購入しようとした。ご高齢のお客さまのため，対応した従業員が不審に思い用途を確認すると「3億円もらえるため，手数料としてプリペイドカードが必要」とのこと。従業員は「詐欺の可能性があるので，警察の方に相談したほうがいいです」と伝え，未然に被害を防ぐことができた。

詐欺は「高額な購入」との先入観があったが，少額の詐欺から次々とお金がとられるケースがあると知り，今後の接客の際にも注意したい。

一般社団法人日本フランチャイズチェーン協会Webサイトによる。

資料5 **特殊詐欺認知件数の推移**

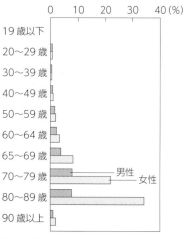

警察庁「特殊詐欺認知・検挙状況等について（令和4年）」による。

③安全

（1）交通安全

高齢者は，さまざまな事故や事件の被害者になりやすいものです。高齢者の人口10万人あたりの交通事故死者数は，2010年の8.6人から2021年の4.2人へと大きく減少しています。ただし，交通事故死者数全体に占める65歳以上の者の割合はここ10年以上50％台を維持しています。このような事態を踏まえて，**交通安全基本計画**にもとづいて，交通安全教育，生活道路における人優先の歩行空間の整備などの対策が取り組まれています。

（2）詐欺

特殊詐欺と総称されるような**振り込め詐欺**や**還付金詐欺**（役所から戻ってくるお金があるとだます詐欺）の手口は多様化，巧妙化しています。また，架空の企業への投資を呼びかけたり，「絶対にもうかる」という取引を持ちかけたりする**悪質商法**の被害も目立ってきています。振り込め詐欺については，高齢者の被害も多い 資料5 ことから，特に重点的に注意を呼びかけ，高齢者宅を巡回し，相談にのる活動が警察を主体に行われ，取り締まり活動を推進しています。

（3）自然災害

火災，土砂災害，水害，大震災，原発被災などにおいても，高齢者が被害を受けるケースが多く見られます。被害を少なくするためには，一般に災害情報が的確に伝わる方策，避難の準備を円滑に行うための施策，特に病院や老人ホームなどの**避難計画策定**など，ふだんから災害弱者を支援する方策を考えておく必要があります。

④生きがいと社会参加・学習機会

高齢期は仕事からの引退や子どもの独立，配偶者や友人との死別などによって，生きがいを喪失しやすい時期です。そこで高齢者が生きがいを持てるように支援するいろいろな活動があります。

（1）老人クラブ

　たとえば，**老人クラブ**❶はおよそ60歳以上の高齢者をメンバーとする自主組織で，老人福祉法によって「老人の福祉の増進のための事業」と位置づけられています。全国に9万近い老人クラブがありますが，高齢者数の伸びと比べて参加者数は横ばいで，参加率はしだいに低下しています。

　町内会や自治会を範囲とする老人クラブ，その連合体である市区町村連合クラブ連合会，さらに都道府県の連合会，全国の老人クラブ連合会が組織されています。また，**老人福祉センター，老人憩の家**などが各地にあり，高齢者の相談，教養・健康の増進，レクリエーションなどに用いられています。

（2）生涯学習

　また，高齢者が急速な社会変化に対応していくためにも，生きがいや他の人との交流の機会を持つためにも，**生涯学習**が重要です。放送大学や**公民館**での講座など一般向けの学習機会を利用することの他に，特に高齢者を対象とした**老人大学，シルバー大学校**などの名前で自治体や教育委員会が行っている学習機会を利用することもできます。

（3）その他の活動

　この他に，高齢者の生きがい支援に効果のある活動として，**ふれあいいきいきサロン**❷があります。これは「歩いていける場所で，住民と参加者が共同企画して運営していく楽しい仲間づくりの活動をする通いの場」として主に社会福祉協議会などが普及に取り組んでいます。また，世代間交流プログラムや，**シルバーボランティアプログラム**などが，社会福祉協議会やNPOなどを通じて多様に展開されています。最初は友人を探しながらいろいろな活動に参加してみて自分の好きな活動ややり方を探し，しだいに新しい発想や工夫を採用したり，自分が中心になって新しい活動を募集していく側に回るというのもよくあることです。このようなプロセスを経て，結果として活動地域が広がっていくというよい結果が導き出されていくことも多いのです。

❶**老人クラブ**　老人福祉法は「地方公共団体は老人の福祉を増進することを目的とする事業の振興をはかると共に，老人クラブその他の該当事業を行う者に対して，適当な援助をするように努めなければならない」と定めています。

　老人クラブの活動は環境美化（清掃，公園に花を植えるなど），地域文化の継承，一人暮らし高齢者の訪問などの社会貢献活動，趣味やレクリエーション，スポーツ（ゲートボールなど）などの健康づくり活動，高齢者同士の交流など多岐にわたっています。

❷**ふれあいいきいきサロン**　地域高齢者の交流の場，そして孤立予防を目的としていましたが，乳幼児を持つ親や障がい者にも利用が広がっています。数百円の参加費で喫茶，おしゃべり，健康体操など思い思いの活動をしていて，気軽な地域交流の場になっています。

まとめ

● 高齢者の主な生活課題について理解できた。……………………………☐
● 高齢社会対策としての就業支援や年金制度，高齢者の安全・安心や社会参加のための取り組みについて理解できた。……………………………………☐

◇確認問題◇

1. 人の健康を理解するには，身体面だけでなく，精神面や社会面を合わせて全体的に見る必要があるとする考えを（ ① ）という。

2. 人々が健康で豊かな人生を送ることができるように，専門家や地域の人々が健康づくりをサポートしたり，健康づくりを行いやすい環境をつくる活動や取り組みを（ ② ）という。

3. 幸せで満足できる生活や，自分らしい人生を生きることをめざして，（ ③ ）という概念が1970年代から注目されるようになった。

4. 医療や福祉の分野において，本人の価値観や生活の目標などを理解し，本人や家族と医療・介護スタッフが今後の治療や療養について，あらかじめ話しあう取り組みを（ ④ ）という。

5. （ ⑤ ）は，生活と健康の状況を把握するための世界共通指標として，2001年にWHO（世界保健機関）より提唱された。

6. 介護の必要がなく，健康に生活できる期間のことを（ ⑥ ）という。

7. 人の一生を，幼年期，少年期，青年期，壮年期，中年期，高年（高齢）期など，いくつかの段階に区分したものを（ ⑦ ）という。

8. （ ⑧ ）は，それまで元気だった赤ちゃんが，事故や窒息ではなく睡眠中に突然死する病気のことをいう。

9. 一人で食事をとることを（ ⑨ ）という。

10. 社会的には，18歳になれば選挙権，20歳になれば（ ⑩ ）・（ ⑪ ）が法的に認められ，就職により社会人として自立した生活が始まる。

11. 出産後は，育児の負担やホルモンのバランスが崩れることなどにより（ ⑫ ）という状態になりやすい。

12. 内臓に脂肪がたまるタイプの肥満（内臓脂肪型肥満）に加えて，高血圧，脂質異常，高血糖といった症状が二つ以上ある状態を（ ⑬ ）という。

13. 高齢者が高齢者を介護することを（ ⑭ ）という。

①＿＿＿＿＿＿＿

②＿＿＿＿＿＿＿

③＿＿＿＿＿＿＿

④＿＿＿＿＿＿＿

⑤＿＿＿＿＿＿＿

⑥＿＿＿＿＿＿＿

⑦＿＿＿＿＿＿＿

⑧＿＿＿＿＿＿＿

⑨＿＿＿＿＿＿＿

⑩＿＿＿＿＿＿＿

⑪＿＿＿＿＿＿＿

⑫＿＿＿＿＿＿＿

⑬＿＿＿＿＿＿＿

⑭＿＿＿＿＿＿＿

考えよう

1. 青年期に疲労やストレスをためないようにするためには，休養・睡眠をとり，趣味やスポーツでリフレッシュをすること，薬物を使用することが大切である。○か×か。

2. WHOは週55時間以上の労働で心疾患や脳血管疾患の危険性が高まると指摘している。○か×か。

3. 生活習慣病とは何が原因で発症し，どのような病気が該当するか。二つ以上の病名を用いて60文字以内で説明してみよう。

◇確認問題◇

1 一般に高齢化率が7％以上を（ ① ）と呼び，高齢化率が14％以上を（ ② ）と呼ぶ。

2 誕生から死亡までの間に年を重ねていくことを（ ③ ）という。

3 短時間で多くのことを覚えたり，計算をしたり，流ちょうに話す能力のことを（ ④ ）といい，ものごとの判断力や理解力，漢字の意味などを理解する能力のことを（ ⑤ ）という。

4 過度の安静や活動性の低下などによって筋力が低下し，歩行などの活動ができなくなることを（ ⑥ ）という。

5 高齢者に特有の疾患を総称して（ ⑦ ）という。

6 脳の言語をつかさどる部位の損傷により，一度獲得した言語の機能に障がいが生じることを（ ⑧ ）という。（ ⑧ ）になると自分の考えを整理して話したりすることができない。

7 高齢者に多い視覚障害として，（ ⑨ ）や老人性白内障，緑内障がある。

8 認知症には脳血管性認知症や（ ⑩ ）型認知症がある。

9 パートタイム，アルバイト，契約社員，派遣社員など期間を限定した雇用契約で働くことを（ ⑪ ）という。

10 高齢者が意欲と能力のある限り年齢に関係なく働き続けることができる社会のことを（ ⑫ ）という。

11 高齢期には安定的・継続的な収入が得られなくなることから，それに備えるために（ ⑬ ）や厚生年金制度などの公的年金制度がある。

12 （ ⑭ ）と総称されるような「振り込め詐欺」や「還付金詐欺」（役所から戻ってくるお金があるとだますこと）の手口は多様化，巧妙化している。

13 （ ⑮ ）はおよそ60歳以上の高齢者をメンバーとする自主組織で，老人福祉法によって「老人の福祉の増進のための事業」と位置づけられている。

① _____
② _____
③ _____
④ _____
⑤ _____
⑥ _____
⑦ _____
⑧ _____
⑨ _____
⑩ _____
⑪ _____
⑫ _____
⑬ _____
⑭ _____
⑮ _____

考えよう

1 エイジズム（ageism）とは，高齢者を一律に「老化で何もできない人」として差別することをいう。○か×か。

2 聴覚障害の高齢者に接する時には，わかりやすい言葉を使い，高い声で大きく，ゆっくりと話すことが大切である。○か×か。

3 無症候性脳梗塞とは何か。40文字以内で説明してみよう。

認知症の世界～寄り添う気持ち～

　日本には，認知症患者は約600万人います（2020年時点）。2025年には高齢者の約5人に1人が認知症になるといわれています。認知症は誰でもかかる可能性のあるとても身近な病気です。認知症について考えてみましょう。

認知症の症状

　記憶障害や見当識障害，理解力・判断力の低下などの中核症状と，行動・心理症状（BPSD；Behavioral and Psychological Symptoms of Dementia）に大別できます。特にBPSDは心理的・環境的要因が関与することもあり，環境の調整や周囲の人の理解が必要になります。

　認知症の人は思うようにできない不安，恐怖，孤独を感じ，ストレスと混乱の中で生活しています。しかし，周囲の人の理解があれば認知症の人やその家族が安心して暮らすことができます。

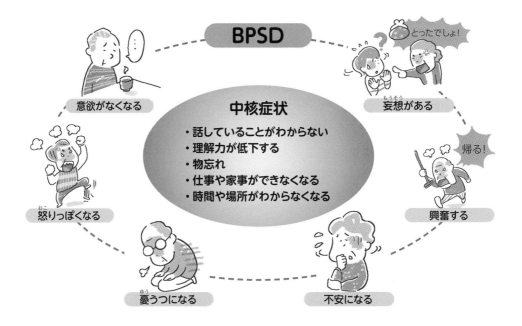

読んでみよう

・「自分は認知症なんです」といえる社会が大事です。なぜなら暮らしは，周りの人との関わり合いが不可欠だからです。

・家族や周りの人の笑顔が認知症の人に笑顔を取り戻させるのです。

「認知症でも心は豊かに生きている　認知症になった認知症専門医 長谷川和夫100の言葉」による。

やってみよう

日常生活において認知症の人と関わる時の対応を考えてみましょう。

また，実際にどのように接するのが良いかグループで話し合ってみましょう。

> **事例**
>
> あなたは放課後3時間ほど自宅の近くのコンビニでアルバイトをしている。この店には，夕方お弁当を買いに来る高齢者が多い。いつもよく来るおじいさんに「お弁当を温めましょうか?」と声をかけたところ「お願いします。」と答えたので，あなたはお弁当をレンジで温めて渡した。おじいさんは「ありがとう。」と礼を言って出て行った。しかし，10分後そのおじいさんが店に来て，「お弁当を買ったけれど，まだ受け取っていないんです。お弁当をください。」と言った。

①このような高齢者に会った時のあなたの気持ちは?

②この高齢者はどのような人だと思いますか?

③この高齢者はどのような気持ちだと思いますか?

④このような高齢者にどのようなサポートができると思いますか?

⑤認知症の人を支える取り組みや相談窓口を調べてみましょう。

Check!

□認知症の症状や認知症の人の生活上の困難について理解することができた。

□認知症の人への対応の仕方を考えることができた。

□身近に認知症の人がいた時に自分にできることを考えることができた。

高齢者の自立支援

第1節 人間の尊厳

- ●ノーマライゼーション，ユニバーサルデザインなど社会福祉の基本的な考え方を理解しよう。
- ●自立支援の意義を理解しよう。

❶世界人権宣言 「人類社会のすべての構成員の固有の尊厳と平等で譲ることのできない権利とを承認することは，世界における自由，正義及び平和の基礎」（前文）としています。

❷医療法 「医療は，生命の尊重と個人の尊厳の保持を旨とし」（第1条の2）としています。

❸社会福祉法 「福祉サービスは，個人の尊厳の保持を旨とし」（第3条）としています。

❹超高齢社会 高齢化率が21％をこえた社会をいいます。

❺介護の社会化 家庭内で家族が担ってきた介護を広く社会共通の課題として認識し，介護サービスを社会全体が担っていくことです。

1. 人間の尊厳

①法律上の尊厳

　世界人権宣言❶（1948年）の第1条では，「すべての人間は，生まれながらにして自由であり，かつ，尊厳と権利とについて平等である」とされています。日本国憲法においても，すべての国民に基本的人権の保障がうたわれています。なかでも，病気や障がいなどにより，健康上あるいは社会的に弱い立場に置かれている人々の尊厳を守るため，医療法❷や社会福祉法❸でも人間の尊厳の保持が掲げられています。

②高齢社会の自立支援

　高齢化率が30％に達する超高齢社会❹の日本では，介護を必要とする高齢者がかつてなく増大すると共に，核家族化や個人主義が蔓延するなかで，社会的に孤立し，孤独や生活困窮に陥る人々が増えています。こうした人々を地域や社会で支えるため，介護保険制度をはじめとする各種制度により，一人ひとりの自立を支援し，その尊厳が保障されるような社会のしくみやあり方が求められています❺。

TRY

中学生のAさんは，母親と二人暮らしです。母親は病気がちでAさんが家事を担っています。経済的な理由で習いごとにも塾にも行けず，将来に希望が持てません。Aさんは，「私の生きている意味は？私に尊厳はあるの？」と疑問に思っています。Aさんの友人として，「尊厳」とは何か，どうすればAさんの尊厳が守られるのかを考えてみましょう。

2. ノーマライゼーション

①ノーマライゼーションの原理

　北欧で提唱され，その後，世界に広がった**ノーマライゼーションの理念❻**は，障がいの有無にかかわらず，だれもがノーマル（ふつう）に地域で暮らせる社会の実現をめざすものです。そのために不可欠な生活条件は，次のような八つの原理で示されています 資料1 。

②ノーマライゼーションの実現

　ノーマライゼーションという用語は，理念であると同時に，実現すべき政策目標でもあります。したがって，その実現に向けた取り組みが重要になります。

　具体的には，障がいを持つ人が，仕事をしたり，家族を育んだりするふつうの生活をしようとする時，さまざまな障壁（バリア）が立ちはだかります。こうした障壁には，段差などの物理的なものから，私たち一人ひとりが持つ偏見や差別といった，目に見えない心理的なものも含まれます。こうした障壁を取り除くため，高齢者，障害者等の移動等の円滑化の促進に関する法律（バリアフリー法）では，高齢者や障がい者が身体的・精神的に負担なく移動できるように，街や建物のバリアフリー化を促進するために，六つの項目を国民の責務であるとしています。バリアフリー法は2018年に改正され，心のバリアフリー化施策を含めたソフト面での対策が強化されています。

❻1940年代にスウェーデンにおいて提唱され，デンマークのバンク＝ミケルセンの尽力により知的障害者福祉法（1959年）に盛り込まれ，さらにスウェーデンのベンクト・ニィリエによって普及されました。

TRY
学校周辺や登下校路などをグループで歩き，高齢者の視点で不便なところ，危険なところを調べてみよう。

資料1 ノーマライゼーションの八つの原理
①一日のノーマルなリズムの提供（起床，着替え，食事，活動，入浴，就寝など）
②一週間のノーマルな生活上の日課の提供（家庭生活，余暇，通学・通勤，学習・労働など）
③一年間のノーマルなリズムの提供（行事，お祝いごと，バカンスなど）
④ライフサイクルにおけるノーマルな発達的経験をする機会を持つこと（就学，就職など）
⑤本人の願いや選択，要求が配慮され，尊重されること
⑥男女が共にいる世界で生活すること
⑦ノーマルな経済水準が与えられること
⑧ノーマルな環境水準が与えられること（病院，学校，福祉施設，住宅など）

ベンクト・ニィリエ著，河東田博ら訳「ノーマライゼーションの原理—普遍化と社会変革を求めて」一部改変による。

3. ユニバーサルデザインとは

　障がいの有無にかかわらず，だれでも使いやすい道具や空間であるユニバーサルデザイン❶が提唱されています。その原則として，　Column　の七つがあげられています。ユニバーサルデザインによる製品や環境は，障がい者はもとより，高齢者や子どもなどすべての人の自立生活を支えるためにも必要とされるものです。

Column

ユニバーサルデザインの七つの原則

①だれにでも公平に利用できること
②使ううえで自由度が高いこと
③使い方が簡単ですぐわかること
④必要な情報がすぐに理解できること
⑤うっかりミスや危険につながらないデザインであること
⑥無理な姿勢をとることなく，少ない力でも楽に使用できること
⑦アクセスしやすいスペースと大きさを確保すること

資料2 **ユニバーサルデザインの具体例**

目をつむってもシャンプーとコンディショナーの違いがわかるように工夫されたケース

話した言葉を指でなぞった軌跡通りに文字で表示する機能を持つアプリ

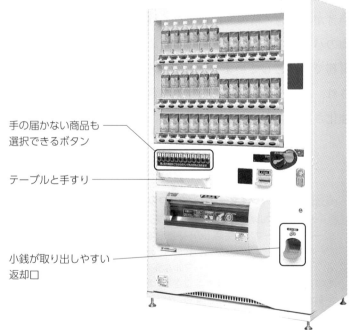

手の届かない商品も
選択できるボタン

テーブルと手すり

小銭が取り出しやすい
返却口

硬貨の取り出しやすさや，上部に手が届かない方に配慮された自動販売機

4. 障がいによる差別の解消と合理的配慮

①合理的配慮とは

合理的配慮 資料3 とは，障がいの有無によらず，すべての人の人権や尊厳が守られるよう，一人ひとりの特徴や場面に応じて生じる困難や障壁を取り除くための調整や変更のことです。日本では，2016年に施行された障害を理由とする差別の解消の推進に関する法律（障害者差別解消法）で義務づけられ，特に行政機関や事業者には，障がいのある人に対して可能な限り合理的配慮をすることが求められることになりました。言い換えれば，合理的配慮がなされないことは，障がいのある人への差別であるということになります。

②合理的配慮の意味

ここでいう「合理的」とは，障がいのある人にとってその配慮が「必要かつ適当な程度や内容」であり，バランスがとれ，過度な負担とならないことを意味します。いずれにしても重要なのは，当事者と行政や事業者がよく話し合い，「どのような配慮が可能なのか」を常に検討することです。

資料3 合理的配慮の事例

事例1　視覚障害者への配慮
図書館で借りた本を点字にして読みたいので，貸出期間を延長してほしいと図書館に依頼した。
⇒その本の貸出の頻度を考慮したうえで，通常の倍の期間の貸出を行った。

事例2　発達障害を持つ学生への配慮
周囲の物音に敏感になってしまうという障がい特性のため，集中して学習に取り組むことができない。
⇒教室内での耳栓使用を認め，静かな環境で課題に取り組めるように配慮した。

事例3　身体障害により車いすを使用している人への配慮
車いすを使用しているが，成人式に出席したいので会場の段差の有無や席の配置について教えてほしい。
⇒会場の段差の有無や席の配置などを記載した案内図を事前に送付すると共に，当事者の申し出により出入りしやすい席へ職員が誘導した。

事例4　内部障害❷を持つ人への配慮
内部障害により，長時間スクールバスに乗ると気分が悪くなるため，学校に通うことをためらっている。何らかの配慮をしてほしい。
⇒スクールバスのルートの見直しを行い，短い時間での送迎を可能とし，体調面での負担を軽減した。

❷内部障害　内部障害とは，心臓や腎臓などの内臓に機能障害が続くことです。例えば，心臓にペースメーカーを埋め込んでいたり，人工透析や人工膀胱を造設されていたりする人がいるため，日常生活に配慮が求められます。内部障害は外見からはわかりにくいため，周囲からの理解が得られにくいという課題があります。

✅ まとめ

●ノーマライゼーション，ユニバーサルデザインなど社会福祉の基本的な考え方を理解できた。………………□
●自立支援の意義を理解できた。………□

第 2 節 高齢者介護の考え方

1. 介護予防から介護体制の確立まで

①介護の定義と介護予防

（1）介護の定義

●高齢者の介護の特徴とその考え方を理解しよう。

●高齢者の生活の質の向上と自立生活支援に向けたリハビリテーションの必要性を理解しよう。

介護は高齢者のみならず，障がい児（者）も対象とするため，介護の定義は次のようになりますが，本書では高齢者の介護をイメージして活用してください。

> 日常生活に支障があり，また，そのおそれがある高齢者や障がい児（者）の尊厳や自立，自己実現等を支えるために，本人のニーズと心身の状況に応じた身体的・精神的・社会的・文化的・予防的援助により，その人らしい生活を支援すること。

介護においては，高齢者が目標を持って**生活リハビリテーション❶**に取り組み，生活機能を維持・拡大できるよう，見守りや共に行う支援，意思の尊重が大切です。

（2）介護予防

❶**生活リハビリテーション** リハビリテーションを生活行為に自然な形で取り入れることです。

❷**介護予防** 加齢による心身変化に伴う疾患などにより，①要介護状態などとなることの予防，②要介護状態などの悪化防止，③要介護状態などの軽減もしくは良好な状態をはかることです。

❸**自己実現** 精神的自立を基盤として，自らの能力や可能性を発揮することをいいます。「その人らしさ」を考える際に大切な考え方となります。

❹**科学的介護** 自立支援などの効果が科学的に裏づけられた根拠にもとづいた介護をさします。科学的裏づけのある介護の実践のためには，介護の標準化やICT化を進め，多職種連携をはかる必要があります。このことから，介護の社会的評価を高めることも期待されます。

高齢者は心身機能が低下しやすく，その回復に時間を必要とし，生活不活発病が起きやすくなるため，**介護予防❷**が重要となります。▶p.34 心身の機能に対応した活動やボランティアといった社会参加を重視し，生活機能の維持・向上を積極的にはかることが介護予防の効果を高め，その人らしい**自己実現❸**の促しや尊厳ある自立支援につながります。そこで，高齢者の日常生活を把握できる介護職は，高齢者に対して，①心身や生活悪化の徴候に気づけるよう観察を行うこと，②予防の視点を持って介護を展開すること，が重要です。

介護予防に当たっては，従来のプログラム（栄養改善，口腔機能や運動機能の向上，認知症やうつの予防）と共に，生活環境の調整，地域で生きがいを持って活動できる居場所づくりや地域課題解決への参画，就労も期待されています。

さらに，地域包括ケアシステムや地域共生社会を見据え，高齢者や家族，地域住民，専門職や行政が効果的に介護予防などの支援を展開していくための根拠となる**科学的介護❹**の推進が求められるようになりました。

Column

脳トレ

自治体が「脳の健康教室」として学習療法の講座を開催することも多くなっています。広く参加してもらうために「脳トレ」として，住民に案内することもあります。

なお，一般的な「脳トレ」のなかには，科学的介護の観点から，その効果がないとされているものもあるので，留意しましょう。

②家族への支援と介護体制の確立

（1）家族への支援

　要介護高齢者と同居する家族と高齢者の関係は，介護へも影響を及ぼします。また，尊厳や自立といった権利は，家族にも保障されるため，**家族介護の特徴❺**に起因した虐待や介護離職などの社会的問題に対しては，さらなる対策が期待されます。

　認知症高齢者の増加に向けた政策❻により，本人と介護を主に担う**キーパーソン❼**や家族が地域での暮らしを継続できる見守りサービスや認知症カフェなども広がっています。
▶p.76

（2）介護体制の確立

　家族の介護負担の軽減をはかることは，要介護高齢者の居場所づくりやコミュニティとの関係を継続するために必要です。しかし，現在は家族の分が含まれた生活援助は不適正❽とされるため，今後は家族が仕事や趣味を行うなどの自己実現をかなえるような介護体制の確立が望まれています。

　資料1 のように，多様な課題を抱える家族介護者が自己実現をめざしながら介護を継続するには，フォーマル（公的）なサービスとインフォーマル（非公的）なサービス❾の利用が鍵になります。

❺**家族介護の特徴**　老老介護，要介護高齢者の重度化，介護の長期化と経済不安，遠距離化などのことです。

❻認知症施策推進大綱など。
▶p.76

❼**キーパーソン**　介護に大きな影響力を持っている人をさします。独居や身寄りのない高齢者では，同居していない家族や知人などがその役割を担います。

❽主として家族の利便に供する行為，または家族が行うことが適当であると判断される行為として，利用者以外の人にかかわる洗濯，調理，買い物，布団干しなどがあります。

❾**インフォーマル（非公的）なサービス**　法律にはもとづかない，血縁やボランティア，知人や近隣住民による見守りなどの支援のことです。

資料1 **家族介護者が抱える多様な「家族介護と仕事，生活・人生の両立継続」に関する課題**

・職場に言い出しにくい
・両立支援制度・介護に関する基礎的な知識・情報の不足
・介護休業，介護休暇，有給などの取得しづらさ
・中小企業，非正規雇用者における両立支援策の不足

④介護離職・仕事との両立に関する課題

・相談先がわからない
・相談しやすい時間帯に開いていない
・地域の身近な場所に相談できるところがない

①相談に関する課題

③地域，専門職などとの関係に関する課題
・同じ悩みを抱える介護者に相談したいが機会がない
・地域の医療・介護に関わる事業所，施設などを知らない

家族介護者
就労・介護離職・無職・引きこもり　など

介護に関わる課題
・介護疲れ，ストレス
・認知症などへの知識不足
・家族間の介護方針の不一致

②家族介護者が抱える課題

世帯全体の課題
・経済的な不安
・ダブルケア（育児と介護，両親介護など）
・遠距離介護
・老々介護
・若年世代による介護
・家族介護者の引きこもり
（経済面・生活面の自立困難）

自分自身の課題
・自分の時間が持てない

厚生労働省「市町村・地域包括支援センターによる家族介護者支援マニュアル～介護者本人の人生の支援～（2018年）」より作成。

③介護の価値観や職業倫理

（1）介護の価値観

介護の**価値観**[1]は，①介護の目的を意味するものと，②それを実現するための手段を意味するものに分類されます 資料2 。②の手段としての価値は，実際の介護を展開するうえでの原則となります。

なお，手段としての価値のうち，三つについては以下の通りです。

○個別介護の展開：個別性（生活習慣や文化など）を尊重した専門的な介護を継続して提供することです。

○信頼関係の構築：ケアを通じたコミュニケーションは，信頼関係形成の基盤であり，ケアの質の向上に必須です。

○エンパワメント：身近な介護職は，利用者のできることや強みに気づきやすいため，現有能力や意欲の回復などに役立てることができます。

（2）介護職の職業倫理

介護の価値観を日々の実践を通じ，実現するには倫理が重要です。

日本介護福祉士会による「介護福祉士の倫理綱領」には，介護を遂行するうえで順守すべき判断基準が示されています。これは，一人ひとりの介護福祉士が，専門的介護の質的向上をはかり，サービス提供に最善をつくし社会的責任を遂行するためのものです。

---

❶価値観 人が何を大事と考えるかといった考え方のことです。価値には社会的な価値，専門職業としての価値，個人的な価値などがあります。

> **資料2 介護の価値観**
> **【目的としての価値】**
> ◇尊厳と自立
> ◇ノーマライゼーション
> ◇自己実現
> ◇QOLの向上
> **【手段としての価値】**
> ◇個別介護の展開
> ◇信頼関係の構築
> ◇エンパワメント
> ◇自己決定の尊重
> ◇予防の視点
> ◇多職種による連携・協働
> ◇家族や地域との交流・社会参加の促進

❷代弁 利用者の権利を擁護したり，ニーズの充足をはかるために，家族や関係職種・関係機関に対して援助者が利用者の立場を主張することです。

❸プライバシーの保護 個人の私生活にかかわる情報を他人や社会から知られないようにすることです。

> **資料3 日本介護福祉士会倫理綱領（1995年11月17日宣言）一部抜粋**
>
> 《専門的サービスの提供》
> ●介護福祉士は，常に専門的知識・技術の研鑽に励むと共に，豊かな感性と的確な判断力を培い，深い洞察力をもって専門的サービスの提供に努めます。
> ●また，介護福祉士は，介護福祉サービスの質的向上に努め，自己の実施した介護福祉サービスについては，常に専門職としての責任を負います。
>
> 《利用者ニーズの代弁》
> ●介護福祉士は，暮らしを支える視点から利用者の真のニーズを受けとめ，それを**代弁**[2]していくことも重要な役割であると確認したうえで，考え，行動します。
> ●他に，「利用者本位，自立支援」「**プライバシーの保護**[3]」「総合的サービスの提供と積極的な連携，協力」「地域福祉の推進」「後継者の育成」があげられています。

④生活支援に向けたリハビリテーション

(1) リハビリテーションの意義と目的

リハビリテーションは，心身に障がいのある人の身体機能を含めた全人的な復権を理念とし，その人の持つ能力を最大限に発揮させ，自立を促すために用いる専門的技術です。

リハビリテーションには，従来からの医学的，職業的，社会的，教育的な四領域に加えて，心理的領域も着目されています。また，生活する地域での自立支援をめざす**地域リハビリテーション**❹は，地域包括ケアシステムにおいて重視されています。このように，リハビリテーションは，より広く包括的にとらえられるようになりました。

(2) リハビリテーションと介護

介護職は，科学的介護が推進されるなか，生活の場での機能回復訓練や，住宅改修，福祉用具を導入するうえでも，リハビリテーションの専門職とのさらなる連携を必要としています。とりわけ，多様な介護を通じ，利用者が目標を持って主体的にリハビリテーションを継続できるよう，生活行為のなかにリハビリテーションを取り入れ，**日常生活動作（ADL）**❺を維持・拡大していく方法を「見える化」して多職種に発信することが求められます。このような**生活リハビリテーション**❻は，認知症高齢者であっても，QOL（生活の質）を高められるように，コミュニケーションをはかりながら進めていくことが大切です。

(3) 地域や生活のなかでのリハビリテーション

要介護高齢者は，寝たきりによる生活不活発病が示すように，身体機能が悪化しやすいので，状態を悪化させないことが大切です。そこで，可能な限り**残存能力**❼を地域や日常生活において引きだし，楽しみながら参加者同士が交流でき，地域への愛着が高まるご当地体操が全国各地で考案されています。

▶p.34

リハビリテーションにはどのようなものがあるか，具体的な活動を調べてみよう。

❹地域リハビリテーション 障がいのある人々や高齢者，およびその家族が住み慣れたところで，そこに住む人々と共に，一生安全に，いきいきとした生活が送れるよう，医療や保健，福祉および生活にかかわるあらゆる人々や機関・組織がリハビリテーションの立場から協力し合って行う活動のすべて，とされています（日本リハビリテーション病院・施設協会 2016年改定）。

❺日常生活動作 ADLはActivities of Daily Livingの略です。毎日の生活をするために必要な基本動作のことで，具体的には，身辺の動作（食事，着替え，整容，排泄，入浴の各動作など），移動動作などがあります。

❻生活リハビリテーション ①高齢者の役割を見つける，②生活の目的と結びつける，③得意なことや好きなことをいかす，などのポイントがあります。

❼残存能力 障がいを有していても，有する機能を発揮することができる能力のこと。本人の立場を尊重する考えや，ICFのプラス面を重視する考えから，「保有能力」「現有能力」と表現される場合もあります。
▶p.11

✓ まとめ

●高齢者の介護の特徴とその考え方を理解できた。………………………………☐
●高齢者の生活の質の向上と自立生活支援に向けたリハビリテーションの必要性を理解できた。…………………☐

1. 言語障害・麻痺・聴覚障害者・視覚障害者

①言語障害・麻痺の介護

（1）言語障害のコミュニケーションの留意点

高齢者に多い脳血管障害としては，麻痺と共に**失語症❶**や**構音障害**などの**言語障害**への介護が重要となります。
▶p.36

1）**失語症の場合**…会話は，落ち着いた雰囲気のなかで，互いの表情がわかるようにして，身振りを添えます 資料1 。また，文字や絵，実物を示したり，コミュニケーションを助ける道具を活用するなどの工夫が大切です。

2）**構音障害の場合**…ゆっくり，短く話してもらい，言葉が曖昧な場合は，繰り返してもらいます。首や肩を動かしてもらったり，姿勢を変えたりして工夫します。伝達手段に，五十音表・文字盤の使用，筆談，パソコン使用などがあります。

（2）麻痺の介護の留意点

障がいのある生活を受け入れられるよう，利き手の交換や自助具の活用で，安全・安楽の確保や合併症予防に努めます。**良肢位❷**を保った体位変換や関節可動域の訓練，関節拘縮に伴う清潔の保持，筋の萎縮や緊張，皮膚（低温やけど・褥瘡・感染予防のため）などの観察も必要です。食事の際には，麻痺側に食物が残ったり飲み物がこぼれやすく，誤嚥に留意します。からだが麻痺側に倒れやすいことにも留意が必要です。
▶p.124

❶**失語症** 言葉を話す，聞いた言葉を理解する，言葉を身振りで表現する，読む，書く，計算することの一部または全部が失われることをいいます。

❷**良肢位** 日常動作において，関節にとって最も負担や不自由の少ない角度のことをいいます。

資料1 **失語症の人とのコミュニケーションの留意点**

②聴覚障害者の介護

（1）コミュニケーションの留意点

　周囲の人々とのコミュニケーションや交流がしにくいことから，コミュニケーションを楽しめないことも多く，必要な情報を入手しにくいことがあります。そのため，コミュニケーションへの意欲を高めることが大切です。**手話❸・指文字** 資料2 や**読話❹**，身振り・手振り・顔の表情，文字（筆談）などを加えながら話す工夫が必要です。

　具体的には，①静かなところで口の動きを見ることができるよう顔を向けて話す，②低い声でゆっくり文節単位で区切りながらはっきり話す，③多くのことを伝えようとしないで，理解状況を確認しながら話す，などに気をつけます。

（2）介護の留意点

　身の回りのことは自立しているように見える場合も，コミュニケーションを大切にして，介護前・介護中・介護後の確認をしながら進めることが重要です。

③視覚障害者の介護

（1）コミュニケーションの留意点

　何かをする前には必ず名乗って声をかけ，動作を促す際にはあわてさせないようにします。物を示す場合には，指示代名詞（それ，あれなど）を使用せず，**クロックポジション❺** ▶p.108 により確実に位置を示します。本人に直接ふれてもらえれば，より好ましいでしょう。離れる場合にも，声をかけることが大切です。書類などは大きな字を使用し，**点字❻**や読み上げソフトによるコンピュータなどの活用が有効です。

（2）介護の留意点

　日常生活では，家事，外出など多様な支援を要します。安全を第一に，廊下などでの転倒予防や必要物品の整理整頓，手すりをつけるなど環境整備をはかります。

　具体的には，①照明を十分とるようにする，②物品の区別は，さわってわかるようにする（シャンプーとリンス），③積極的に，ガイドヘルパーを利用する，などです。

❸**手話**　言語や聴覚に障がいがある人のコミュニケーション手段の一つで，言葉の意味を手の形・位置・方向・動きなどの組み合わせで表します。

❹**読話**　話し手の顔の表情や唇の動きを見て，話の内容を理解する方法です。中途障害（人生の途中で，事故などで障がいがある状態になること）となった場合には，読話が可能です。

❺**クロックポジション**　時計の文字盤をイメージして，「何時の方向」などと具体的に説明し，物や場所の位置を説明する方法です。

❻**点字**　視覚に障がいのある人が，指先の触覚により，平面から盛り上がった部分（点）を文字や数字の情報として読み取れるよう表現したものです。通常用いられる点字は横2×縦3の六つの点で表されます。

TRY

　障がい者が駅のホーム，踏切の遮断機の近くで事故にあう，静かな電気自動車に気づかないといった事故が起きています。
　障がい者が安全に外出できるように，必要な対策や，あったら役立ちそうな機器について考えてみましょう。

資料2　**手話と指文字・日常生活用具**

手話（こんにちは・お久ぶりです）

指文字（あいうえお）

日常生活用具
（フラッシュベル）

2. 認知症

①認知症の介護

(1) 認知症高齢者への対応

認知症高齢者への対応方法として留意したいことは，①高齢者を尊重し意思決定支援をはかる，②暮らしの継続と生活環境を整える，③日常生活自立への支援，④生活不活発病を予防する，⑤治療的アプローチにて悪化予防に努める，⑥家族介護者を地域で支援する，ということです 資料3 。▶p.34

資料3 認知症高齢者への対応方法

留意点	対応方法
本人を尊重し意思決定支援をはかる	診断後，できないことが徐々に増えた場合でも，常に本人を尊重した，**意思決定支援❶**をはかることが大切です。喜怒哀楽などの感情は伝わり，自尊心や羞恥心などは長く保たれます。
暮らしの継続と生活環境を整える	慣れた家や環境で過ごすことで安心できるため，症状や希望に応じて整えます。また，日常の生活リズムが整うと安心するため，夜間不眠となった場合には，日中を活動的に過ごすなどして夜間に入眠できるようにします。
日常生活自立への支援	見当識障害や身体機能の低下がある場合には，できることとできないことを見きわめ，声かけや共に行うなどして，その人らしく自立した生活が送れるよう工夫して支援します。
生活不活発病を予防する	心身機能の低下の進行と共に，寝たきり状態を招かないよう本人の好きなことや関心事を大切にし，有する能力を活用して適度な運動や得意な**アクティビティ❷**を継続します。
治療的アプローチにて悪化予防に努める	認知症の原因疾患や段階，本人の性格などにより適切な治療的アプローチが異なるため，医師を含む多職種にて，効果的な**回想法❸**や音楽療法，**学習療法❹**などを検討し，有する能力の維持やQOLの向上をはかります。
家族介護者を地域で支援する	認知症高齢者の行動・心理症状（妄想や暴言など）を受け入れられず，家族が不適切な対応すると，本人のそれらの症状が悪化するため，家族介護者への支援を行います。また，本人と家族を地域で支え続けることが大切です。

❶**意思決定支援** 適切な情報，認識，環境のもとで意思が形成されることへの支援です。

必要に応じ，日々のケアを通じ，そのつど，本人の正しい理解，判断となっているかを確認することが大切です。意思決定支援には，意思形成支援，意思表明支援，意思実現支援の段階があるとされています。

❷**アクティビティ** 日常の活動のことです。

❸**回想法** 人生の歴史や思い出を，受け身で，かつ共感を持ってきくことを基本姿勢とします。個人と集団の両方で実施することができます。思い出の品々や得意なことを活用したり，わかりやすくなじみのある言葉で，ジェスチャーを交えたりして，コミュニケーションをはかります。

できることを発見したり，言動の意味を理解する手がかりとします。

❹**学習療法** 「音読と計算を中心とする教材を用いた学習を，学習者と支援者がコミュニケーションをとりながら行うことにより，学習者の認知機能やコミュニケーション機能などの前頭前野機能の維持・改善をはかるものである」とされています。

Column

意思表明支援と意思実現支援

意思表明支援とは，形成された意思を適切に表明・表出することへの支援です。

表明のタイミングをや表明内容の時間差，また，複数人で確認し，本人の生活歴や価値観などの周辺情報との整合性について，記録などをもとに確認します。

意思実現支援とは，本人の意思を日常生活・社会生活に反映することへの支援です。

本人の能力を最大限にいかすことを配慮し，チーム（多職種協働）による支援，社会資源の利用など，さまざまな手段を検討・活用します。

厚生労働省「認知症の人の日常生活における意思決定支援ガイドライン」より作成。

(2) コミュニケーションの留意点

認知症高齢者とのコミュニケーションでは，資料3 のような対応を前提とし，相手の世界を受け入れ，認知症の人をひとりの「人」として尊重すること，その人の視点や立場に
5 立って理解することを大切にする，**パーソン・センタード・ケア❺**が知られています。

認知症の人へのケアにおいては，その人が今体験していること，感じていることを周囲の人が理解します。その人の個性を踏まえたうえで言動の意味を理解し，一見不思議に見え
10 る行為についても，本人には理由があるため，その真意を解釈し，支援につなげていくことが重要です。

「できること」については，主体的に行動できるよう促したり，できた場合に，感謝の気持ちを伝えて共に喜んだりして，満足感を得てもらうことが大切です。失敗した場合でも
15 自尊心が低下しないよう，さり気なく対応したり，本人が納得できる声かけを工夫します。

「できないこと」については，見守りながら声かけにより促す，さりげなく支援を行う，共に行うなどします。また，できることを発見し，一つでもできるように工夫します。

20 また，安心感と気分転換をはかる目的で，歌う，笑う，声を出して文章を読む，散歩する，動物とふれあうなどのアクティビティを行います。

このような体験によるコミュニケーションは，認知症高齢者と介護者，他の高齢者，家族との信頼関係やなじみの関係
25 を深めると共に，心身の安定できる居場所づくりにもなります。

具体的には，①一方的な気持ちではなく共に楽しもうとする，②本人の話を**傾聴❻**して思いを受けとめる，③本人が伝えようとしている真意を読み取るように努める，といったこ
30 とに留意します 資料4 。

❺**パーソン・センタード・ケア** 認知症高齢者とコミュニケーションをはかるうえで世界的に影響をもたらした考え方のこと。トム・キットウッド（1937～1998：イギリスの心理学者）が提唱しました。

❻**傾聴** 心から相手の話をきくことをいいます。

(3) ユマニチュード

　ユマニチュード❶は，日本の認知症ケアの現場をはじめ，本人や家族を支え，自治体にも取り入れられています。ユマニチュードは「あなたのことを大切に思っています」ということを相手が理解できるように伝えるための技術と，その技術を使うときに考えておくべきケアの哲学でできています。ユマニチュードの技術は「見る」「話す」「触れる」「立つ」の四つの基本の柱 資料5 で成り立っており，相手とよい関係を築くための六つのヒント 資料6 もケアを行う上で大切な技術です。

資料4　認知症介護におけるコミュニケーションのポイント

・意思決定を尊重し，自尊心を傷つけない。
・言動を受容し，なじみの関係を大切にする。
・利用者の人生観や世界観を理解し，共感を持って接し，利用者の言動の意味や真意を解釈する。
・できることや理解の状況を把握し，コミュニケーションをはかる。
・穏やかで落ち着いた態度で，安心感を持ってもらえるよう，近くで話したり，目を合わせるなどの非言語的なコミュニケーションを活用したりする。
・共に行いながら示し，自ら行動できるよう促す。
・今を大切にし，有する能力や好きなことなどに働きかけ，利用者のよい点を表現する。
・情報は納得できるよう，なじみの言葉で簡潔に伝える。
・伝える情報は短くする。
・言葉だけでなく，文字や物を利用して伝える。
・後ろから話しかけないようにする。
・こちらのからだ全体が見える近い位置で，目を見て，スキンシップをはかりながら，利用者のペースを大切にしてゆっくりと会話する。

Column

認知症の人に優しいまちへ　認知症フレンドリーシティ

　未曾有の超高齢社会に挑戦するために，福岡市は2017年に「福岡100」を立ち上げ，人生100年時代の到来を見据えた取り組みを進めています。

　その中心的取り組みが，「認知症フレンドリーシティ・プロジェクト」です。

　プロジェクトでは，認知症になっても住み慣れた地域で安心して自分らしく暮らせるまちを目指して，「ユマニチュード」を自治体として世界で初めて導入しました。公民館や小中学校，企業，家族介護者，専門職など対象者別にユマニチュード講座を行っています。

　また，だれもが学べるように，学習動画やパンフレットを制作し，福岡市のホームページに公開しています。

資料5 **ユマニチュードの四つの柱**

「見る」
見ることで相手に伝わるメッセージがあります。正面から見ることで正直さを，水平に見ることで平等であることを，近く，長く見ることで親密さを相手に届けることができます。

「話す」
介護をする時にはついつい無言でテキパキと進めがちですが，「あなたのことを大切に思っています」と伝えるためには，その場に言葉をあふれさせることが必要です。ゆっくりとした穏やかな言葉は相手に安心を届けます。

「触れる」
相手をつかんでしまうと，そんなつもりはなくても「この人は私の自由を奪っている，ひどい人だ」と相手に感じさせてしまいます。ふれる時にはまず相手の手を下から支えることで優しさを伝えます。

「立つ」
からだを起こすことも，その人らしさを保つために大切です。1日20分立つ時間をつくれば，寝たきりを予防できます。歯磨きや着替えは立って行う，食卓まで歩くなど，少しずつ立つ時間をつくって，合計20分をめざします。

福岡市「優しさを伝えるケア技法　ユマニチュード」による。

✓ まとめ

● 麻痺・視聴覚障害・認知症などがある高齢者の介護の留意点を理解できた。
□

● さまざまな障がいに対応したコミュニケーションのとり方を理解できた。
□

資料6 **認知症の人に情報を伝える六つのヒント**

• 会いに行く時は，どこでも必ずノック
「私がこれから会いにいきますよ」と音で予告することが，よい時間を共に過ごす幕開けになります。「あなたの空間と時間を尊重しています」と伝えるための技術です。障子でも，ふすまでも同じです。

• いきなり用件を切り出さない
介護をする時は，いきなり用件を切り出しません。まずは「あなたのことを大切に思っている」ことを伝え，よい関係を結びます。そうすることで，介護を受け入れてもらいやすくなります。

• 返事を3秒待つ
認知症になると，情報を分析して理解するまでに時間がかかるようになります。何か質問をしたときは，3秒くらい返事を待ちましょう。待つこともとても大切な介護の技術です。

• 正面から近づく
認知症の人は視野の外から声をかけても自分に向けられていることに気がつきません。「私がここにいますよ」と伝えるために，まず正面から近づいて相手の視線をとらえます。

• 何度もたずねる時には，楽しい気分に切り替える
何度も同じことをたずねる時は，実は不安な気持ちを質問で表現しているのかもしれません。そんな時は質問と関連がある，別の楽しいことを提案してみることも解決策になります。

• 「見る」「話す」「ふれる」が伝えるメッセージを一致させる
介護をする時は，私たちが伝えるメッセージに矛盾がないように一致させます。優しく話していても，腕をつかんでしまっては相手を混乱させ，不安にしてしまいます。

イヴ・ジネスト　ロゼット・マレスコッティ　本田美和子「家族のためのユマニチュード」による。

第4章 高齢者支援の法律と制度

第1節 社会保障・社会福祉制度のしくみ

ねらい

● 日本の社会保障制度のしくみを理解しよう。

● 社会保障・福祉制度の必要性を理解しよう。

1. 社会保障・社会福祉制度とは

社会保障・社会福祉制度は，私たちの日々の暮らしの安心や安定を支える公的制度です。

日本の社会保障・社会福祉制度は，社会保険制度（年金・医療・介護など），社会福祉制度，公的扶助制度，そして保健医療・公衆衛生制度の四つの領域から構成されています。

2. 社会保障・社会福祉制度の四つの領域

①社会保険制度

医療保険，年金保険，介護保険などがあります。私たちは，その生涯において病気やけが，さらに出産，死亡，あるいは老齢，障がい，そして失業などのさまざまなできごとや生活上の困難に出会います。社会保険制度は，そのような事態にあった時に，一定の金銭的給付やサービスを提供することで，生活の安定をはかることを目的にしています❶。国民すべてが加入し，互いに支え合う社会制度です。

人口高齢化に伴い，寝たきりや認知症などの要介護状態になることの生活上の不安に備え，2000年に介護保険制度が創設されました。
▶p.68

②社会福祉制度❷

私たちは，人生のさまざまなステージにおいて，生活上の困難やハンディキャップを負う可能性があります。それを克服し，安心して生活を営めるようにする公的なしくみです。福祉事務所や児童相談所などの行政機関があります。

❶**保険** 病気など偶発的に出会う「できごと」に対して，あらかじめそれへの備えとして多数の人が一定の金額を保険料として積み立て，病気などのできごとに遭遇した人に金銭などを給付するしくみのことです。

❷**社会福祉制度** 社会福祉制度を支える法律には次のようなものがあります。

・社会福祉法：社会福祉制度の基本事項を定めるもの。

・福祉サービスの利用対象者ごとの法律。
老人福祉法／介護保険法／児童福祉法／母子及び父子並びに寡婦福祉法／次世代育成支援対策推進法／障害者の日常生活及び社会生活を総合的に支援するための法律（障害者総合支援法）／身体障害者福祉法／生活保護法など。

③公的扶助制度

　生活に困窮^{こんきゅう}した場合，最低限度の生活を保障し，私たちの生活の自立^{じりつ}を促^{うなが}す制度で，代表的なものとして生活保護制度があります。

④保健医療・公衆衛生制度

　私たちの健康な生活を支える制度です。病気予防，健康づくりなどの保健事業，母性の健康を保持・増進し乳幼児の出生と育成を支える母子保健，食品や医薬品の安全を確保するための公衆衛生制度があります。

資料1 私たちの生活と社会保障制度

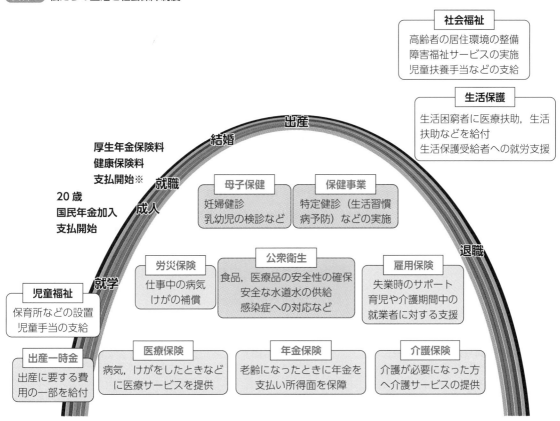

厚生年金保険料
健康保険料
支払開始※

20歳
国民年金加入
支払開始

社会福祉
高齢者の居住環境の整備
障害福祉サービスの実施
児童扶養手当などの支給

生活保護
生活困窮者に医療扶助，生活扶助などを給付
生活保護受給者への就労支援

母子保健
妊婦健診
乳幼児の検診など

保健事業
特定健診（生活習慣病予防）などの実施

労災保険
仕事中の病気
けがの補償

公衆衛生
食品，医療品の安全性の確保
安全な水道水の供給
感染症への対応など

雇用保険
失業時のサポート
育児や介護期間中の就業者に対する支援

児童福祉
保育所などの設置
児童手当の支給

出産一時金
出産に要する費用の一部を給付

医療保険
病気，けがをしたときなどに医療サービスを提供

年金保険
老齢になったときに年金を支払い所得面を保障

介護保険
介護が必要になった方へ介護サービスの提供

※自営業者は国民年金保険料・国民健康保険料

厚生労働省「社会保障制度改革」による。

まとめ

●日本の社会保障制度のしくみを理解できた。………………………………□

●社会保障・福祉制度の必要性を理解できた。………………………………□

第2節 介護保険制度のしくみ

〉〉〉ねらい

●介護保険制度のしくみを理解しよう。

●介護サービスの活用のしかたを考えよう。

1. 介護保険制度とは

　個人差はあるものの，高齢になるに従い，心身機能は低下します。寝たきりや認知症などの要介護状態になることも考えられます。介護保険制度は，要介護・要支援状態になった高齢者を支えるために創設されました。介護保険制度の詳しい学習に入る前に，制度のあらましを理解しましょう。

実施責任者

○介護保険の実施主体は，市区町村（区とは東京23特別区のこと）。

○市区町村が「保険者」，高齢者（サービス利用者）が「被保険者」。

○保険料と公費を財源として介護保険事業を運営している。

サービスの種類

○居宅サービス・施設サービス　○地域密着型サービス

○介護給付サービス・予防給付サービス

サービス事業所の指定・監督

○事業所の指定と監督は，都道府県（政令市と中核市を含む）と市区町村。

サービスの利用手続き

○市区町村に申請　→　要介護・要支援の認定　→　認定結果が通知される。

○介護保険施設への入所希望は，自分で施設に申し込む。

○居宅サービスの利用を希望する場合は，**介護支援専門員（ケアマネジャー❶）** が高齢者や家族と相談しながら居宅サービス計画（ケアプラン）を作成。

○介護予防・生活支援のための「総合事業」を利用できる。

❶**介護支援専門員（ケアマネジャー）**
要介護者等の心身の状況に応じて，必要なサービスが受けられるようにケアプランを作成します。また，市町村やサービス事業者などとの連絡調整を行います。

Column

社会福祉従事者の資格

・社会福祉士／精神保健福祉士／保育士／社会福祉主事／介護支援専門員（ケアマネジャー）などがあります。▶p.184, 185

①介護保険制度の財政上のしくみ

　介護保険制度の運営を支える，財政上のしくみは 資料1 のとおりです。税金が50％，保険料が50％という分担です。

　税金50％の分担は，国が25％，都道府県が12.5％，市区町村が12.5％となっています。施設サービス分は，国が20％，都道府県が17.5％です。保険料50％は高齢者（**第1号被保険者**）が約20％，現役世代（**第2号被保険者**）が約30％を分担しています。高齢者の利用料負担は原則1割ですが，一定所得以上の高齢者は2割か3割の負担です。

　介護保険制度のサービスを利用するには，市区町村において要介護度の認定を受けます。認定者数の推移は 資料2 のとおりです。認定者は年々増えています。なかでも，軽度の認定者が 著 しく増えています。介護予防，そして介護の重度化防止が，国の重要な課題の一つとなっています。

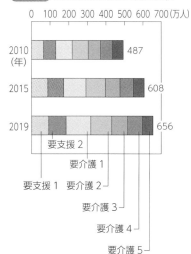

資料2 要介護度別認定者数の推移

厚生労働省「令和2年度介護保険事業状況報告年報」による。

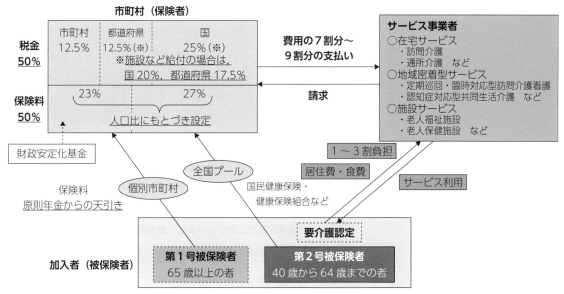

資料1 介護保険制度のしくみ

厚生労働省資料による。

2. 介護保険制度のしくみ

①介護保険制度の実施責任者とサービス利用者

　社会保険制度は，制度を運営する保険者（実施責任者）とサービスを受け取る**被保険者**から成り立っています。介護保険制度の実施責任者は，住民に最も身近な行政組織である市区町村です。市区町村は，保険料の徴収や被保険者の資格管理，要介護認定などの役割を担っています。

　介護保険制度に加入する被保険者は，65歳以上の第1号被保険者，現役世代である40歳以上65歳未満の第2号被保険者に分けられます。第2号被保険者は「特定疾病」の病気になった場合，介護保険制度のサービスを受けられます 資料3 。

　なお，サービスの提供が円滑にできるように，国が定める指針にもとづいて，3年を1期とする介護保健事業（支援）計画を作成します。市町村は年度における種類ごとの介護サービスの見込み量にもとづき介護保険事業計画を作成します。都道府県は市町村の計画を踏まえ，介護サービス量の見込みにもとづいた介護保険事業支援計画を作成します。また，都道府県は介護保険施設などの各年度の必要定員総数も定めます。

TRY
第2号被保険者の「特定疾病」にはどのような病があるのでしょうか。調べてみよう。

資料3 　**介護保険制度における対象者・受給要件など**

	第1号被保険者	第2号被保険者
対象者	65歳以上	40歳〜65歳未満の医療保険加入者
受給要件	・要介護者：寝たきりや認知症で介護が必要な状態 ・要支援者：要介護となるおそれがあり日常生活に支援が必要な状態	要介護・要支援状態が末期がん・関節リウマチなどの加齢に起因する病気（特定疾病）
保険料の徴収	所得段階別定額保険料。原則として，市町村が年金から天引きする。	医療保険者が医療保険料と共に徴収し，納付金として一括納付する。

②介護サービスの種類

　介護サービスの種類は，資料4のとおりです。

　大きな区分としては，都道府県・政令市・中核市が指定・監督するサービスと市町村が指定・監督を行うサービスがあります。都道府県・政令市・中核市が指定・監督する介護給付を行うサービスには，居宅介護サービスとして，訪問サービス，通所サービス，そして短期入所サービスがあります。施設サービスは四つあります。予防給付を行うサービスは，同じく，介護予防サービスとして，訪問サービス，通所サービス，そして短期入所サービスがあります。

　市町村が指定・監督を行う介護給付サービスには，地域密着型介護サービスと居宅介護支援があります。予防給付を行うサービスには地域密着型介護予防サービスと介護予防支援があります。

TRY
資料4中のさまざまなサービスについて，調べてみよう。

第4章

資料4　**介護サービスの種類**

都道府県・政令市・中核市が指定・監督を行うサービス

市町村が指定・監督を行うサービス

介護給付を行うサービス

◎**居宅介護サービス**

【訪問サービス】
- ○訪問介護（ホームヘルプサービス）
- ○訪問入浴介護
- ○訪問看護
- ○訪問リハビリテーション
- ○居宅療養管理指導
- ○特定施設入居者生活介護
- ○福祉用具貸与
- ○特定福祉用具販売

【通所サービス】
- ○通所介護（デイサービス）
- ○通所リハビリテーション

【短期入所サービス】
- ○短期入所生活介護（ショートステイ）
- ○短期入所療養介護

◎**施設サービス**
- ○介護老人福祉施設
- ○介護老人保健施設
- ○介護療養型医療施設
- ○介護医療院

◎**地域密着型介護サービス**
- ○定期巡回・随時対応型訪問介護看護
- ○夜間対応型訪問介護
- ○地域密着型通所介護
- ○認知症対応型通所介護
- ○小規模多機能型居宅介護
- ○認知症対応型共同生活介護（グループホーム）
- ○地域密着型特定施設入居者生活介護
- ○地域密着型介護老人福祉施設入所者生活介護
- ○複合型サービス(看護小規模多機能型居宅介護)

◎**居宅介護支援**

予防給付を行うサービス

◎**介護予防サービス**

【訪問サービス】
- ○介護予防訪問入浴介護
- ○介護予防訪問看護
- ○介護予防訪問リハビリテーション
- ○介護予防居宅療養管理指導
- ○介護予防特定施設入居者生活介護
- ○介護予防福祉用具貸与
- ○特定介護予防福祉用具販売

【通所サービス】
- ○介護予防通所リハビリテーション

【短期入所サービス】
- ○介護予防短期入所生活介護（ショートステイ）
- ○介護予防短期入所療養介護

◎**地域密着型介護予防サービス**
- ○介護予防認知症対応型通所介護
- ○介護予防小規模多機能型居宅介護
- ○介護予防認知症対応型共同生活介護（グループホーム）

◎**介護予防支援**

厚生労働省「介護保険制度の概要」による。

③介護サービスの利用手続き

介護保険制度にもとづくサービスを利用するには，資料5のように，被保険者である高齢者本人もしくは家族が，市町村の担当窓口に要介護認定（要支援認定を含む）の申請をすることから始まります。

要介護認定は，一次判定と二次判定からなります。

一次判定では，申請を受けた市町村が認定調査を行います。調査員が申請者（申請者の自宅，入居施設，入院先の病院など）を訪問して，直接，高齢者本人の身体的・精神的な状況を確認します。認定調査の結果にもとづき，1日あたりの介護時間を算出します。必要な介護時間から要支援1~2，要介護1~5の要支援・要介護の区分が判定されます（一次判定）。

さらに，**介護認定審査会❶**において，二次判定が行われ，一次判定の結果について審査します。この2段階の判定を経て，要介護度・要支援度が正式に決まります。

高齢者や家族は，要介護認定などの判定結果を踏まえ，サービスを選択します。

❶**介護認定審査会** 保険者である市町村に設置され，認定調査票，（かかりつけの医師などによる）主治医意見書にもとづき「要介護認定」の判定を行います。

資料5 介護サービスの利用の手続き

【介護保険サービス】
○施設系・居住系サービス
：介護保険施設などの施設に入所し，サービスを受ける。
例）特別養護老人ホーム
老人保健施設
認知症高齢者グループホーム
○在宅系サービス
：自宅にいながら，介護保険のサービスを受ける。
例）通所介護（デイサービス）
訪問介護（ホームヘルパー）
訪問看護
通所・訪問リハビリテーション
訪問入浴
福祉用具貸与
小規模多機能型居宅介護

市町村窓口

相談
（要介護認定申請）

認定調査

サービス選択

利用者（高齢者）または家族

要介護認定
：要介護度1~5の区分
・高齢者の介護の必要性の程度に応じて区分
・区分ごとに月々のサービスの上限額が定まっている

具体的なサービスを選択
→在宅系サービスについては，ケアマネジャーが個々のニーズに応じてサービスを組み合わせてケアプランを作成

厚生労働省資料による。

④介護サービス計画

高齢者や家族が，具体的にサービスを選択し利用するには，**介護サービス計画（ケアプラン）**が必要となります。

居宅でサービスを受給するには，居宅介護支援事業所の**介護支援専門員（ケアマネジャー）**が，利用するサービスの種類や内容・頻度などを**居宅サービス計画（ケアプラン）**として組み立てます。 ▶p.68

介護保険施設への入所では，施設に勤務する介護支援専門員の資格を有する職員が，施設内での生活のあり方やリハビリテーション，食事のメニューなどの**施設サービス計画（ケアプラン）**を作成します。

⑤介護予防への取り組み

介護予防の強化のため，2006年度から市町村を実施主体とする，地域支援事業（資料6）が実施されています。地域支援事業は，介護予防・日常生活支援総合事業，包括的支援事業・任意事業などから構成されています。

介護予防・生活支援サービスは，要支援1・2の方や基本チェックリストで生活機能などの低下が見られる方が対象です。訪問型サービスや通所型サービスが代表的な事業です。また，一般介護予防事業❷は，要介護や要支援になることを未然に防止することを目的にしています。

❷東京都文京区では，介護予防事業として，だれでも参加できる「文の京体操」事業を展開しています。

資料6 地域支援事業

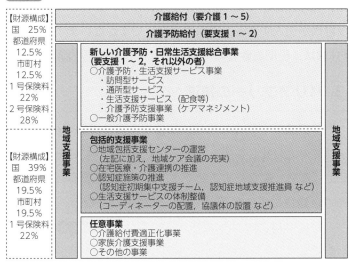

【財源構成】 国　25% 都道府県 12.5% 市町村 12.5% 1号保険料 22% 2号保険料 28% 【財源構成】 国　39% 都道府県 19.5% 市町村 19.5% 1号保険料 22%	地域支援事業	介護給付（要介護1～5）	地域支援事業
		介護予防給付（要支援1～2）	
		新しい介護予防・日常生活支援総合事業 **（要支援1～2，それ以外の者）** ○介護予防・生活支援サービス事業 　・訪問型サービス 　・通所型サービス 　・生活支援サービス（配食等） 　・介護予防支援事業（ケアマネジメント） ○一般介護予防事業	
		包括的支援事業 ○地域包括支援センターの運営 　（左記に加え，地域ケア会議の充実） ○在宅医療・介護連携の推進 ○認知症施策の推進 　（認知症初期集中支援チーム，認知症地域支援推進員 など） ○生活支援サービスの体制整備 　（コーディネーターの配置，協議体の設置 など）	
		任意事業 ○介護給付費適正化事業 ○家族介護支援事業 ○その他の事業	

まとめ 𝄇𝄇𝄇𝄇𝄇

●介護保険制度のしくみを理解できた。
....□

●介護サービスの活用のしかたを考えられた。..□

ねらい

●高齢化の進行に伴い整備された法規, 制度の目的と概要を理解しよう。
●これからの社会福祉の基本的な考え方を理解しよう。

TRY
　サービス付き高齢者向け住宅制度の根拠となる高齢者の居住の安定確保に関する法律（高齢者住まい法）について調べてみよう。

1. サービス付き高齢者向け住宅制度

　生活の拠点である住まいの確保は, 高齢者支援の前提です。単身高齢者あるいは高齢の夫婦世帯を対象に, 安全で安心できる住まいを提供する**サービス付き高齢者向け住宅制度**があります。

　高齢者の安否確認や生活相談サービスの他, 食事の提供, 入浴などの介護, 調理などの家事, 健康の維持増進などのサービスも提供されます。この住宅制度は登録制です。バリアフリーなどの施設・設備の基準が定められています。

2. 後期高齢者医療制度

　前期高齢者（65歳以上75歳未満）は, 一般の人と同じ健康保険（健康保険組合や全国健康保険協会）, あるいは国民健康保険に加入します。**後期高齢者**（75歳以上）は, 後期高齢者医療制度に加入します。

　2008年に制定された高齢者の医療の確保に関する法律（**高齢者医療確保法**）❶により, 75歳以上の後期高齢者が加入する独立した医療保険制度として**後期高齢者医療制度**が創設されました。都道府県単位で, すべての市区町村が加入する**広域連合**❷により運営されています。運営費用の約5割を税金（国・都道府県・市区町村）, 約4割を若い世代の保険料（現役世代が加入する各医療保険組合）でまかないます。残りの約1割は, 後期高齢者の保険料が分担します 資料1 。

❶**高齢者医療確保法**　旧老人保健法のことです。

❷**広域連合**　複数の地方公共団体が, 広域にわたり共同して対応することが適当な業務について, 連絡調整をはかり, 行政の仕事として総合的計画的に進める地方行政のしくみのことです。

3. バリアフリーの推進

　バリアフリー化の目的は, 高齢者や身体障害者に限らず, すべての人の社会参加を困難にしているすべての分野でのバリア（障壁）をなくすことです。たとえば, 安心して利用しやすい建物にする 資料2 こと, 鉄道やバスなどの交通移動の手段に容易にアクセスできるようにする 資料3 ことなどがあります。

利用者負担	公費 約5割 （国：都道府県：市区町村＝4：1：1）	
	高齢者の保険料 約1割	若い世代の保険料 約4割

厚生労働省「後期高齢者医療制度等の仕組み」より作成。

資料2 **バリアフリー化の例（住宅）**

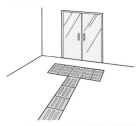
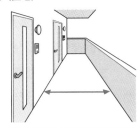

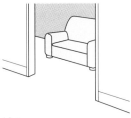

エントランスまで続く視覚障害者誘導用ブロック

車いすでも方向転換できる幅の広い共有部・廊下

軽い力で開き，低い位置からも取っ手がにぎれる引き戸

敷居をなくし，段差のなくなった部屋の境目

上り下りどちらでもからだを支えやすい波型の手すり

1段ずつが低く，広い踏板で負担の少ない階段

車いすや介護者も入れる広さを確保したトイレ

高さは低く，へりには腰をかける広さのある浴槽

資料3 **バリアフリー化の例（その他）**

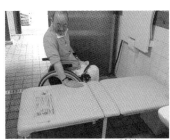

車いすの利用者がスロープにより乗車がしやすいバス

車いす利用者が移動しやすいようにかけられたスロープ

障がいのある人のおむつ交換などに使用される多目的シート

4. 認知症高齢者対策

将来推計によると，2025年には認知症高齢者は約700万人にまで増加することが見込まれています。2019年の**認知症施策推進大綱**では，「共生」と「予防」を両論に，施策が推進されています。認知症の発症を遅らせ，認知症となっても希望を持って日常生活を過ごせるような社会をめざしています。

なお，認知症の場合，知的障害がある場合など，判断能力が十分でない場合の財産管理などを支える制度には**成年後見制度**があります。また，**地域福祉権利擁護事業**では，福祉サービスの利用援助，日常的な金銭管理をサポートします。

5. 虐待防止施策

高齢者に対する虐待行為 資料4 は，家庭内のみならず，介護老人福祉施設などでも発生しています。高齢者に対する虐待防止，権利・利益擁護のため，「高齢者虐待の防止，高齢者の養護者に対する支援等に関する法律」❶が定められています。虐待の早期発見・早期対応をめざし，国や地方公共団体が公的な責務として取り組むことを求めています。国民全体に対して，虐待に関する通報義務などを課すと共に，福祉や医療機関関係者に対して早期発見への協力を求めています。市町村には相談・通報体制の整備，ならびに被虐待高齢者の保護に関する権限を与えています。

TRY

認知症カフェは，認知症施策推進大綱の具体的な施策の一つです。どのような取り組みなのか調べてみよう。

❶**虐待防止の法律** 高齢者虐待の防止，高齢者の養護者に対する支援等に関する法律（高齢者虐待防止法）の他に，障害者虐待の防止，障害者の養護者に対する支援等に関する法律（障害者虐待防止法），児童虐待の防止等に関する法律（児童虐待防止法），配偶者からの暴力の防止及び被害者の保護等に関する法律（配偶者暴力防止法）があります。

資料4 **家庭内での高齢者虐待の種類と内容**

虐待の種類	虐待の内容
身体的虐待	身体に外傷が生じる，または生じるおそれのある暴行。
介護・世話の放棄・放任	衰弱させるような著しい減食，または長時間の放置，養護者以外の者による虐待の放置など，養護を著しく怠る行為。
心理的虐待	著しい暴言，または拒否的な対応など，心理的外傷を与える言動。
性的虐待	わいせつ行為をすること，またはわいせつ行為をさせること。
経済的虐待	養護者または親族が，不当に高齢者の財産を処分すること，または不当に財産上の利益を得ること。

6. 高齢者支援の今後の展望

①ICTの活用，介護ロボット

　寝たきりや認知症などの要介護状態の高齢者の増加は，当面の間，続くことが予測されています。しかし，介護などに
5 従事する人材の確保は，少子化の影響もあり，困難な状況にあります。解決策として，外国人を介護人材として活用する取り組みがなされています。また，高齢者の自立支援や介護者の負担軽減，介護事業所の業務の効率化などの観点から，ICT機器の活用，介護ロボット 資料5 ・ 資料6 の普及が期
10 待されています。

②社会的排除と社会的包摂

　社会的排除とは，「新しい貧困」の考え方です。貧困といえば，所得水準が低く，金銭的・物質的な資源の欠如を意味していました。社会的排除とは，経済的な資源の欠如や不足
15 だけではなく，それをきっかけに徐々に家庭・学校・職場から疎遠になることです。また，その結果，人間関係が希薄になり，社会の一員としての存在価値が奪われ，自らの居場所や役割が見いだせない状態になっていくことです❷。

　これに対して，**社会的包摂**（ソーシャル・インクルージョ
20 ン）とは，社会から切り離され，あるいは排除されている人たちとのつながりを回復しようとする試みです。排除されている人たちを，社会的ネットワーク（社会の相互的な関係性）のなかに引き入れようとする，新しい社会福祉の考え方です。

TRY

　都市部では高齢者の見守りのためのさまざまな取り組みがなされています。どのような取り組みがあるか調べてみましょう。また，農山漁村地域でも，民間事業者を活用した，見守りなどが始められています。どのような事例があるか，それぞれ調べてみましょう。

資料5 **開発中の介護ロボット**

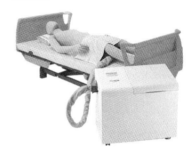

❷ジグムント・バウマンはこの状態を「新しい貧困」と呼んでいます。

まとめ

● 高齢化の進行に伴い整備された法規，制度の目的と概要を理解できた。……□
● これからの社会福祉の基本的な考え方を理解できた。…………………………□

資料6 **介護ロボットの例**

歩行を介助するロボット

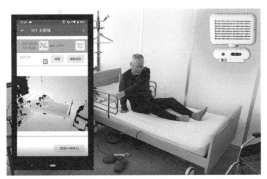

見守りシステム（ICT機器を通して，離れた場所からも高齢者を見守ることができる）

介護者を助けるロボット

第4章

●高齢者支援のための地域包括ケアシステムの概要と地域包括支援センターの役割を理解しよう。

●地域共生社会の考え方を理解しよう。

❶**日常生活圏域** おおむね30分以内でかけつけられる範囲のことです。中学校区を想定しています。

1. 地域包括ケアシステムによる高齢者支援

①地域包括ケアシステムとは

　ノーマライゼーションの理念を踏まえれば，高齢になり介
▶p.53
護が必要になっても，可能な限り住み慣れた自宅や地域で生
活を続けられることが重要です。そのためには，住まいを中
心として，医療，介護，介護予防，生活支援（見守り・配食・
掃除・買い物など）の各領域のサービスが，個々人のニーズ
に応じて切れ目なく，連携を持って提供される必要がありま
す。こうした多領域のサービスが，日常生活圏域❶において
連携・調整され，包括的かつ継続的に提供されるシステムを
地域包括ケアシステムと呼び，介護保険制度においてその構
築がめざされています。社会保障・社会福祉制度は，私たち
の日々の暮らしの安心や安定を支えるしくみです。

②介護予防・日常生活支援総合事業と住民参加

　介護予防や生活支援は，介護サービス事業者による専門的
なサービスのみならず，NPOや民間企業，ボランティアな
どの多様な主体がかかわることで，より多くの高齢者に効率
的，効果的にサービスが提供できる可能性が広がります。ま
た，介護を担う専門人材が不足するなかで，住民や高齢者自
身もサービスの担い手となり，地域において相互に支えあっ
ていくしくみが求められています。

　このような考え方のもとで，2015年の介護保険法改正に
よって「介護予防・日常生活支援総合事業」が創設されまし
た。この事業では，要介護・要支援認定で要支援1，2と認
定された人と，65歳以上のすべての高齢者が対象となりま
す。全国一律で実施されている介護保険サービスと異なり，
市町村が地域の実情に応じて，独自に基準や利用料などを設
定して運営します。これまで要支援者が利用していた訪問介
護と通所介護も総合事業に組みこまれました。こうした既存
のサービスに加え，介護保険法よりも基準が緩和されたサー
ビス，住民主体のサービス，短期集中型のサービスも追加さ

れ，多様な提供団体や利用者がニーズに応じてサービスを選択できるようになっています。さらに，配食サービスや安否確認といった介護保険制度にないサービスも含めることが可能となりました。

③地域包括ケアシステムの構成要素

こうした多様な主体が参加する地域包括ケアシステムをわかりやすく図示したものが 資料1 です。構成要素となっている各領域の取り組みは以下のとおりです。

1）**住まい**…自宅は，ニーズに応じて段差の解消や手すりの設置などの住宅改修がなされる必要があります。また，ここでいう住まいは，必ずしも一戸建ての自宅に限らず，サービス付き高齢者向け住宅なども含まれます。こうしたバリアフリー型の住まいと共に，地域のバリアフリー化も進めていく
▶p.74
必要があります。

2）**医療**…高齢になると，脳血管疾患や心疾患などによる急性期の入院治療に続き，転院した後，回復期の療養やリハビリテーションが必要になる場合も少なくありません。また，在宅で暮らすために，24時間対応の在宅医療や訪問看護サービスなどの充実も求められます。

資料1 地域包括ケアシステムの姿

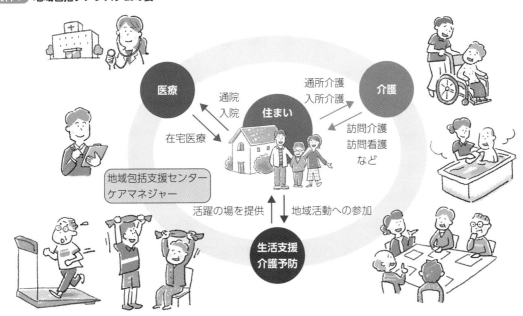

厚生労働省資料による。

3) **介護**…介護サービスは主に居宅系サービス，施設・居住系サービスなどの介護保険制度によるサービスがあり，これらのサービスは，主に介護支援専門員によってコーディネートされます。

4) **介護予防**…可能な限り要介護状態を防ぐ，または要介護状態が重度化しないための取り組みや自立支援に向けた介護予防の充実が求められています。介護予防・日常生活支援総合事業のもとで，地域の多様な団体やボランティアも介護予防サービスの提供主体になります。

5) **生活支援**…自治会，NPO，ボランティア，老人クラブなど地域の多様な団体や個人が，高齢者の見守り，配食，買い物などの日常的な生活支援を提供すると共に，孤立防止のさまざまな取り組みを通して相互に支え合います。▶p.47

④地域包括支援センターと地域包括ケアシステム

地域包括ケアシステムの構築において重要な役割を担うのが，**地域包括支援センター**です。地域包括支援センターは，介護予防を重視する制度への転換をめざした2005年の介護保険法の改正によって創設され，介護予防の給付を受ける要支援高齢者のケアマネジメントを行います。さらに，少子高齢化の進展や核家族化などを背景に，認知症，一人暮らし，社会的孤立，虐待を受ける高齢者らが増えるなかで，在宅高齢者の地域生活にかかわるさまざまな課題に対応できる，地域包括ケアシステムをめざします 資料2 。

地域包括支援センターは，日常生活圏域ごとに市区町村によって設置され，運営は市区町村が直営する他，社会福祉法人などに委託して運営されます。市区町村が直接運営するのが約3割，社会福祉法人などへの業務委託が約7割を占めています。センターには，保健師（または地域ケアの経験のある看護師），社会福祉士，主任介護支援専門員の3職種が配置されます。3職種は，それぞれの専門性をいかしながら，必要に応じて情報を共有し，連携（チームアプローチ）することが求められています。

TRY
自分の住む自治体の地域包括支援センターの活動を調べてみよう。

資料2 地域包括支援センターがめざす地域包括ケアシステム

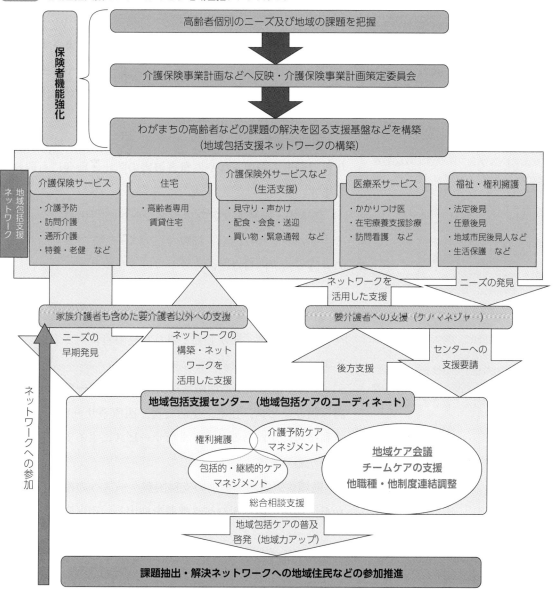

厚生労働省「第5期介護保険事業（支援）計画の策定準備および地域支援事業の見直しに係る会議資料」による。

　東京都中野区では，区内の八つの日
常生活圏域の地域包括支援センターに
加えて，4か所に「すこやか福祉セン
ター」を設置し，高齢者のみならず子
ども，障がいのある人への総合相談や
支えあいネットワークづくりなどを
行っています。さらに，15か所の区
民活動センターにアウトリーチチーム
を配置し，積極的に地域に出向いて（ア
ウトリーチ）支援を求めている人や課
題を発見し，その人に寄り添い（伴走
し）ながら，必要な支援を提供してい
ます（伴走型支援）。

❶権利擁護　認知症の高齢者や知的障害
者など自分の意思を表明することが難し
い人が不利益な扱いを受けることがない
ように，支援者が代理としてその人の権
利や意思を代弁することです。

❷社会資源　社会福祉実践を支える施
設・機関，設備，人材，制度やサービス
などの総称です。家族，親族，友人や近
隣住民，ボランティアなども含まれます。

　地域包括支援センターが取り組む主要な事業は以下のとお
りです。

1）**総合相談**…地域の高齢者・家族が抱えるさまざまな課題
の相談に応じると共に，必要に応じて医療機関や介護サービ
ス事業者，行政などへつなぎます。積極的に地域に出向く相
談支援活動も行います Column 。

2）**権利擁護❶**…高齢者虐待の早期発見や相談をはじめ，成
年後見制度の利用支援や消費者被害の防止・啓発にも取り組
みます。　▶p.76

3）**包括的・継続的ケアマネジメント**…支援困難なケースへ
の支援にかかわる助言・指導などのスーパービジョン，地域
の介護支援専門員などのネットワーク化やサポートを行いま
す。

4）**介護予防ケアマネジメント**…要支援高齢者や基本チェッ
クリストで介護予防が必要とされた高齢者に対して，必要な
ケアマネジメントを提供します。

5）**多職種協働による地域包括支援ネットワーク**…地域の介
護保険サービス，住宅，生活支援，医療系サービス，福祉・
権利擁護にかかわるさまざまなサービスによる支援に積極的
にかかわります。

6）**地域ケア会議**…個別の支援困難ケースへの相談支援活動
から，地域で取り組むべき課題を抽出し，市区町村との連携
のもとで地域づくりや新たな**社会資源❷**の開発や充実につな
げていきます。会議には，医療職，介護専門職，民生委員，
自治会，法律家などの多様な関係者や機関が参加し，協働し
ます。

　この他，地域包括支援センターでは，市区町村が実施する
在宅医療と介護の連携事業，認知症への支援事業，健康な高
齢者を対象とする介護予防事業，家族介護支援事業などを市
町村から委託され，取り組んでいるところもあります。

　また，市区町村は，福祉関係者，地域団体，学識経験者ら
で構成される地域包括支援センター運営協議会を設置し，運
営方針への助言，評価，人員確保やさまざまな課題に関する
協議を行います。

2. 複合的な課題を抱える支援困難ケース

①増加する支援困難ケース

　すでに述べたように，地域包括支援センターでは，地域の介護支援専門員が単独で対応できない，複合的な課題を抱える支援困難ケースに対応します。こうしたケースには，虐待や貧困などに加えて，世帯において課題が複合化しているケースや，制度の狭間（はざま）に置かれ，いずれの法制度や機関によっても適切な支援がなされないケース，あるいは地域で孤立（こりつ）して必要な支援や情報が届かないケースなどが含（ふく）まれます。

②8050問題とは

　たとえば，8050（はちまるごうまる）問題と呼ばれる多世代にまたがる支援困難なケースが増加しています。「8050」とは，高齢となり虚（きょ）弱（じゃく）になった80歳（さい）代の親に，経済的・精神的に依（い）存（ぞん）する50歳代の子どもが同居する世帯のことをさしています。親が80歳代となり，認知症や高齢などにより介護が必要になり，専門職がかかわることで問題が発覚（はっかく）することがあります。50歳代の子どもは，精神的，経済的なニーズを抱え，親に依存して生活を成り立たせていたところ，頼るべき親が虚弱となり，親，子どもの双方（そうほう）が不安定な状況（じょうきょう）に追いこまれます。なかには，長年引きこもりの状態にあり，地域包括支援センターをはじめとする支援機関のかかわりを拒否する人もいます。その結果，高齢者虐待に発展する場合や，親が亡（な）くなった後に子が収入を含めて生きるすべを失って孤立してしまうこともあります。ただし，地域包括支援センターは，介護保険法によって定められた相談機関であるため，子どもの世代への支援には積極的にかかわれないという問題がありました。また，そもそも中年の世代や，ヤングケアラーと呼ばれる若年の介護者に対する支援が制度化されておらず，いわゆる「制度の狭間」に陥（おちい）ってしまうこともあります。こうした複合的で制度の隙間に陥る課題が生じないよう，さまざまな世代，機関，立場の人々が参加，連携して地域で支えあう，**地域共生社会**の必要性が提起されるようになりました。

3. 包括的支援体制による地域共生社会

①地域共生社会とは

　支援困難ケースへの対応は，戦後，**福祉六法❶**体制のもとで，高齢，障がい，児童などの対象別に分立した制度にもとづいています。本人からの利用申請にもとづき，専門職中心で対応にあたります。近年では，制度がととのっていても，担い手が不足し，必要な支援が十分に提供できない地域や施設・機関も現れています 資料3 。

　こうした状況を踏まえ，高齢者のみならず，障がいのある人，子ども，生活困窮者など属性を問わず地域で暮らすあらゆる人々へ支援の対象を拡大し，地域の多様な担い手が相互に支えあう，**地域共生社会**を築くことがめざされています。ここでいう地域共生社会は，従来の支援する者→支援される者という一方向的な構図から，地域を構成するすべての人が支えられ，支える存在にもなり，それぞれが自分らしい生活や生き方ができるような社会を意味しています。

❶福祉六法　戦後から高度経済成長の始まる1960年代なかごろまでに成立した社会福祉の骨格となった法律で，生活保護法，児童福祉法，母子及び父子並びに寡婦福祉法（旧称は母子福祉法），老人福祉法，身体障害者福祉法，知的障害者福祉法をさします。

資料3 **介護職員の必要数**

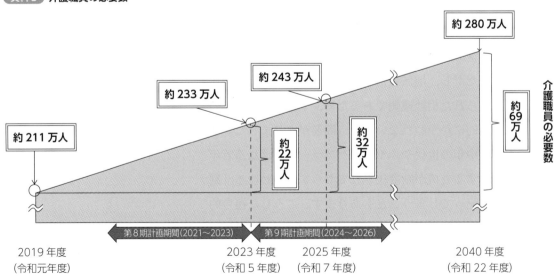

約 280 万人

約 243 万人

約 233 万人

約 211 万人

約22万人

約32万人

約69万人

介護職員の必要数

第8期計画期間(2021～2023)　第9期計画期間(2024～2026)

2019 年度
（令和元年度）　　　　2023 年度
（令和 5 年度）　2025 年度
（令和 7 年度）　　2040 年度
（令和 22 年度）

注．介護保険事業計画にもとづく介護職員の必要数である。

厚生労働省「第8期介護保険事業計画に基づく介護職員の必要数について」より作成。

②重層的な支援体制

　資料4は, 地域共生社会の実現に向けた重層的な支援体制整備事業の概要を示しています。その特徴は,「断らない相談支援」です。相談支援においては, アウトリーチや, その
5 人の人生に寄り添い, 見守りながら必要に応じて情報提供や助言を行う**伴走型支援**も必要になります。そのうえで, 相談▶p.82
実施後もつながりや参加を維持できるよう「参加支援」が行われます。ここでは, 適切な住居に住むための居住支援や, 周囲から存在を認められ, 交流ができる居場所づくり, 就労
10 支援などが含まれます。さらに, 保健・医療, 教育, 多文化共生などにかかわる相談支援機関との連携やつなぎを創造し, 多分野協働が可能となる「地域づくりに向けた支援」も行われます。このような異なる領域やレベルで重層的に支援が展開され, その相乗効果により, 地域共生社会づくりが進
15 展していきます。

資料4　**地域共生社会を築く重層的な支援体制**

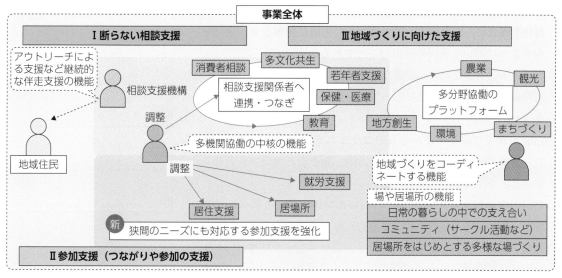

厚生労働省「地域共生社会の実現に向けて」による。

> ☑ **まとめ**
> ●高齢者支援のための地域包括ケアシステムの概要と地域包括支援センターの役割を理解できた。......□
> ●地域共生社会の考え方を理解できた。
> ....□

◇確認問題◇

1 高齢化率が21％をこえた社会を（ ① ）という。

2 （ ② ）の理念は，障がいの有無にかかわらず，だれもがノーマル（ふつう）に地域で暮らせる社会の実現をめざすものである。

3 障がいの有無にかかわらず，だれでも使いやすい道具や空間である（ ③ ）も提唱されている。（ ③ ）による製品や環境は，障がい者はもとより，高齢者や子どもなどすべての人の自立生活を支えるために必要とされるものである。

4 （ ④ ）とは，障がいの有無によらず，すべての人の人権や尊厳が守られるよう，一人ひとりの特徴や場面に応じて生じる困難や障壁を取り除くための調整や変更のことである。

5 リハビリテーションを生活行為に自然な形で取り入れることを（ ⑤ ）という。

6 介護に大きな影響力を持っている人を（ ⑥ ）という。独居や身寄りのない高齢者では，同居していない家族や知人などがその役割を担う。

7 （ ⑦ ）は，心身に障がいのある人の身体機能を含めた全人的な復権を理念とし，その人の持つ能力を最大限に発揮させ，自立を促すために用いる専門的技術のことである。

8 毎日の生活をするために必要な基本動作のことを（ ⑧ ）という。

9 日常動作において，関節にとって最も負担や不自由の少ない角度を（ ⑨ ）という。

10 言語や聴覚に障がいがある人のコミュニケーション手段の一つで，言葉の意味を手の形・位置・方向・動きなどの組み合わせで表すことを（ ⑩ ）という。

11 時計の文字盤をイメージして，「何時の方向」などと具体的に説明し，物や場所の位置を説明する方法を（ ⑪ ）という。

12 知覚・感情・言語による包括的コミュニケーションに基づいたケアの技法を（ ⑫ ）という。

13 心から相手の話をきくことを（ ⑬ ）という。

① _____

② _____

③ _____

④ _____

⑤ _____

⑥ _____

⑦ _____

⑧ _____

⑨ _____

⑩ _____

⑪ _____

⑫ _____

⑬ _____

考えよう

1 介護予防とは，要介護状態の悪化を防ぐこと・良好な状態を保つこと・軽減をはかること・そもそも要介護状態にならないように努めることなどをさす。○か×か。

2 意思決定支援には，意思形成支援，意思表明支援，意思実現支援の段階があるとされている。○か×か。

3 パーソン・センタード・ケアはどのような介護の考え方か。60文字以内で説明してみよう。

◇確認問題◇

1 日本の社会保障・社会福祉制度は社会保険制度（年金・医療・介護など）・（ ① ）・公的扶助制度そして保健医療・公衆衛生制度の四つの領域から構成されている。

① _____

2 要介護者などの心身の状況に応じて，必要なサービスが受けられるようにケアプランを作成するのは（ ② ）の役割である。

② _____

3 保険者である市区町村に設置され，認定調査票，（かかりつけの医師などによる）主治医意見書にもとづき「要介護認定」の判定を行うのは（ ③ ）である。

③ _____

4 単身高齢者あるいは高齢の夫婦世帯を対象に，安全で安心できる「住まい」を提供する制度を（ ④ ）という。

④ _____

5 65歳以上75歳未満の高齢者のことを（ ⑤ ）という。

⑤ _____

6 複数の地方公共団体が，広域にわたり共同して対応することが適当な業務について，連絡調整をはかり，行政の仕事として総合的・計画的に進める地方行政のしくみを（ ⑥ ）という。

⑥ _____

7 認知症の人，知的障害がある人など，判断能力が十分でない人の財産管理などを支える制度には（ ⑦ ）がある。

⑦ _____

8 （ ⑧ ）とは，社会から切り離され，あるいは排除されている人たちとのつながりを回復しようとする試みのことである。

⑧ _____

9 多領域のサービスが，日常生活圏域において連携・調整され，包括的かつ継続的に提供されるシステムを（ ⑨ ）という。

⑨ _____

10 社会福祉実践を支える施設・機関，設備，人材，制度やサービスなどの総称を（ ⑩ ）という。

⑩ _____

11 高齢となり虚弱になった80歳代の親に，経済的・精神的に依存する50歳代の子どもが同居する世帯を（ ⑪ ）という。

⑪ _____

12 相談支援においては，積極的に地域に出向いてニーズを発見する（ ⑫ ）や，その人の人生に寄り添い，見守りながら必要に応じて情報提供や助言を行う，（ ⑬ ）も必要になる。

⑫ _____

⑬ _____

考えよう

1 認知症施策推進大綱では「共生」と「再生」を両論に施策が推進されている。○か×か。

2 権利擁護とは自分の意思を表明することが難しい人が不利益な扱いを受けることがないように，支援者が代理としてその人の権利や意思を代弁することである。○か×か。

3 包括的支援体制における「地域共生社会」とはどのような社会を意味するか。50文字以上100文字以内で説明してみよう。

日本の社会福祉～外国とどこが違うの？～

社会保障は国民の「安心」や生活の「安定」を支えるセーフティネットです。子どもから子育て世代，高齢者まで，すべての人々の生活を生涯にわたって支えます。日本の社会保障制度について，諸外国と比較しながら考えてみましょう。

> 国民負担率の数値が高いほど，負担も大きくなりますが，社会福祉は充実します。
> 一方，国民の負担率が低いほど公的な福祉の充実は望めなくなります。

国民負担率の国際比較（2020年）

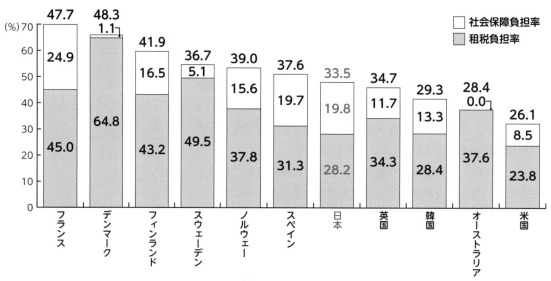

※1：日本・オーストラリアは実績値。それ以外の国は推計による暫定値。
※2：租税負担率とは国民全体の所得に対する税の比率。社会保障負担率とは，所得に対する社会保障費の比率。国民負担率とは租税負担率と社会保障負担率を合わせたもの。
※3：グラフの上にある数値は対 GDP 比の国民負担率である。
内閣府「国民経済計算」および OECD「National Accounts」「Revenue Statistics」による。

社会福祉に関する各国の傾向

高福祉・高負担	中福祉・中負担	低福祉・低負担
福祉国家と呼ばれ，国民所得の約55～65％を税金や社会保障費として支払っているので，社会保障制度が充実している。	社会保障制度は広く，すべての人に最低保障することを重視している。国民は所得の約50％を税金や社会保障費として支払っている。	自己責任の国と言われ，国民が負担する税金や社会保障費が低い。年金については，公的年金制度があるが，公的医療保障制度は存在しないため，多くの国民が民間の生命保険や医療保険に加入している。
 スウェーデン デンマーク フィンランド	イギリス	アメリカ

フィンランドは国民負担率が高いため，社会福祉が充実しています。その一例として，在宅介護におけるサービスがあげられます。

在宅介護を支える福祉サービスの一つとして，安全電話があります。月額24ユーロ（＊）程度で利用することができる安全電話はボタンを押すと，外部と連絡を取ることができます。自宅での

転倒や自力で起き上がれない場合に有効です。

在宅介護を支える福祉サービスのもう一例として，ドア設置型のアラームがあります。要介護者宅の玄関のドアに設置し，玄関のドアが開くと担当の介護士が持っている専用の携帯電話に要介護者が外に出たことを伝えてくれます。そのため，徘徊する要介護者を早急に探し出すことができます。

＊1ユーロは約155円（2023年7月21日現在）。

やってみよう

○ 日本の社会保障はスウェーデンやアメリカと比べてどうか，左ページのグラフと表
○ から読み取ってみましょう。
○
○
○
○

調べてみよう

○
○ 高齢者に対する福祉サービスについて，調べてみましょう。
○ ①日本にある高齢者への福祉サービスについて調べてみましょう。
○
○
○
○ ②諸外国の高齢者への福祉サービスにはどのようなものがあるか，調べてみましょう。
○
○
○

Check!

□諸外国の社会保障制度の内容について，特徴を理解することができた。

□諸外国と比較して日本の社会保障に必要なことは何かをまとめることができた。

□どのような国が暮らしやすいか，その理由はなぜかについて考えることができた。

第5章 介護の実習

第1節 体位変換

❶褥瘡　からだの骨の突起部が長時間圧迫されることにより、血行障害が起こり、皮膚と皮下組織の一部が壊死した状態をいいます。

❷拘縮　骨や軟骨以外の靭帯などの組織が縮み、関節の動きが制限された状態をいいます。

❸起居動作　寝返り、起き上がり、立ち上がり、座るなどの体位（姿勢）変換のための動作です。

漢字を覚えましょう

褥瘡
拘縮
仰臥位
側臥位
腹臥位
端座位
長座位
半座位

1. 体位変換の意義と目的

　体位とは、動作を行っていない状態の姿勢をいい、からだが重力方向とどのような関係にあるかを示す時に用いられる言葉です。人は長時間同じ体位でいると、褥瘡❶の発生や関節の拘縮❷、骨や筋肉の萎縮などを起こします。しかし、体位を変え、からだを動かすことにより、それらを防ぐことができます。また、寝た状態から座り、立ち上がることにより目線が高くなると、見わたせる生活範囲も広がります。体位変換は、寝たきりになることを防ぎ、起居動作❸につながるための生活支援技術の基本です。

1. 体位の種類

　体位の種類には、大きく分けて臥位（寝た状態）、座位（座った状態）、立位（立った状態）があります。臥位には、仰臥位、側臥位（右側臥位、左側臥位）、腹臥位などがあり、座位には、端座位、長座位、起座位、半座位など 資料1 があります。

資料1　体位の種類

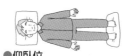

●仰臥位
背を下にした仰向けの姿勢。

●側臥位
からだの側面を下にした姿勢。

●腹臥位
背を上にしたうつぶせの姿勢。

●端座位
ベッドの横に足を下ろした姿勢。

●長座位
ベッドや布団などの上に足を長く投げ出して座る姿勢。

●半座位
半座位には、上体を約45°起こしたファーラー位と15°〜30°起こしたセミファーラー位という体位があります。

2. ボディメカニクスの基本原則

ボディメカニクスは，人間の運動機能である骨・関節・筋肉などを中心としたからだの動きのメカニズムの総称です。からだをじょうずに活用すると，無理のない姿勢・動作で介護が行え，利用者・介護者双方が安全で安楽に動くことができます。「ボディメカニクスの八つの原則」を学びましょう。

TRY

ボディメカニクスの原則を活用する介護と活用しない介護の違いを話しあってみよう。

❹四肢　両手と両足のことをいいます。

❺体幹　頭部と四肢を除く胴体部分です。

①基底面積を広くする

足幅を前後左右に広げて立位を安定させます。

足と足の間隔が狭いと不安定です。

足と足の間隔が広いと安定します。

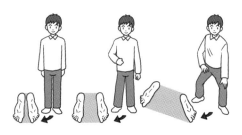

②重心の位置を低くする

膝を曲げて腰を落とすことで姿勢が安定します。

③水平に移動する

持ち上げずに水平にすべらせます。

④重心を近づける

利用者（要介護者）と介護者が近づくことで容易に動かすことができます。

⑤てこの原理を活用する

支点をつくり，回転させると大きなものを小さな力で動かせます。

⑥からだを小さくまとめる

手を胸元で組み，膝を曲げ四肢❹を体幹❺に近づけます。

⑦大きな筋群を使う

大腿筋，殿筋などの大きな筋肉を使います。

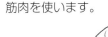

⑧動作の方向に足先を向ける

移動方向に足先を向けます。

3. ベッド上での体位変換

①枕の動かし方

枕を動かすことは，体位変換の前後に頻繁に行われます。

①利用者に，枕を動かす目的と方法を話し，了解と協力を得ます。

②利用者の後頭部を片方の手でしっかりと支え，もう一方の手で枕を動かします。

③頭部の支え方は，介護者側からでも，手を回して反対側からでもよいですが，介護者の上体が利用者の顔を覆わないように留意します。

②ベッド上での水平移動（ベッドの端にからだを移動する）

水平移動は，寝返り（仰臥位から側臥位になる）や起き上がりの前などに行う移動動作です。

①介護者は利用者に移動してもらう側のベッドサイドに立ち，目的と方法を説明し，了解のもとで後頭部を支えて枕を引きます。
②介護者は肘関節をベッドにつき，腕で利用者の首を支えます。
③利用者の両手を交差し胸の上で組み，上半身を小さくまとめます。
④首に回したほうの手のひらで肩甲骨の下部を支えます。
⑤介護者はもう一方の手をベッドにつき体重を載せ，同時に逆の手で利用者の上半身を起こすようにします。

⑥介護者は手前側の肘をベッドにつけ，利用者の上半身を手前に移動します。

⑦下半身の移動のために，利用者の大腿部の中央の位置に介護者の手を挿入します。
⑧介護者は脇をしめ，両膝をベッドフレームに押しつけながら膝を曲げ，利用者の下半身を手前に移動する。
⑨利用者を安楽な姿勢に整え，気分を確認します。

③ベッド上での上方移動

上方移動は，利用者のからだを枕元に引き上げる（上方への水平移動）方法です。

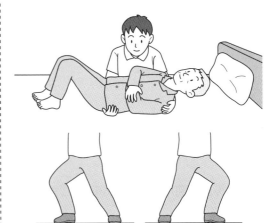

①利用者に目的と方法を説明し，了解を得て利用者の後頭部を支えて枕をはずします。

②利用者の両腕を交差し胸の上で組み，上半身を小さくまとめます。

③利用者の膝を立てることができればなるべく，殿部に近づけます（からだを小さくまとめます）。

④介護者の腕を利用者の肩甲骨の位置と殿部（利用者と介護者の体格によりウエスト）に，介護者のベッド上部の脚の向きを移動する方向に向けます。

重心を低くして移動する

⑤介護者の重心を低くして，腕と足の向きを意識しながらからだをベッドの上方へ移動します（重心移動）。

⑥安楽な体位にして，気分を確認します。

④スライディングシートを活用した上方移動

移動をサポートする介護用具（スライディングシート）を活用すると，利用者，介護者ともに楽に移動ができます。

スライディングシートは，すべりやすい生地でできた筒形シートや一枚布シートなどがあり，大きさも使い方もさまざまです。介護保険制度で貸与することもできます。

身体を上方に移動する

すべりどめマット

シートは枕の下から背中にかけて敷く

両足をおさえて身体を上方に移動

腰を上げる

両肩を持って上方に移動させる

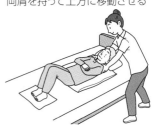

───── 実習目的 ─────

　ベッド上での移動を体験し，ボディメカニクスの原則と，体位変換を行ううえでのポイントについて学びます。

───── 準備するもの ─────

　ベッド，枕

───── ポイント ─────

①利用者に目的と方法を説明し，了解と協力を得ます。

②事前事後に，利用者の気分を確認します。

③麻痺がある場合は，麻痺側の保護に努めます。

④右上下肢の機能を活用します。

⑤利用者と介護者にとって，安全・安楽であるようにします。

⑥利用者に不安を抱かせないようにします。

───── 手 順 ─────

　二人一組になって，枕の動かし方，仰臥位から側臥位への方法を体験します。ボディメカニクスの原則とポイントを確認しながら行います。

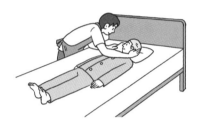

①介護者は利用者の健側（右側）に立ち，目的と方法を話し，了解と協力を得ます。
②頭部を支え，利用者の枕を手前に引きます。

③右手で左肘を持ってもらい，胸の上で組んでもらいます。

④麻痺側の左膝は介助を行い，健側である右膝は可能であれば立ててもらいます。

⑤介護者は利用者の膝と肩に手を当てます。

⑥膝，肩の順に手前に倒します。

⑦安楽になるように足の位置を調整し，枕と姿勢を整えます。

1. 歩行の意義と目的

　歩行は，自らの意志と目的にもとづいて行われ，人間が獲
得してきた移動の動作です。歩行により生活が点から面にな
5　り，生活空間が広がります。歩行には，**自力歩行，杖歩行**が
あります。また，手すりや歩行器を使った歩行などがありま
す。最近ではシルバーカーを使って自力で歩行する人も増え
ています。▶p.96

　高齢になると，筋力のバランス能力や視力低下などにより，
10　ちょっとした段差などにつまずき，転倒しやすくなります。
それが原因で骨折し，寝たきりにつながることも多く，歩く
ことをためらってしまう人もいます。

　介護者は，歩行能力の低下につながる要因や高齢者の歩行
の特徴を知り，生活空間や活動性が広がるような支援が必要
15　です。

2. 歩行補助用具の種類と杖の長さの決め方

　安全に歩行する福祉用具には**杖**があります。杖の長さ❶や
種類は，からだに合うものを専門家に選んでもらうとよいで
しょう。

20　杖の種類は，腕の力がある人向きの**T字杖**，腕の力が弱い
人向きの**ロフストランドクラッチ**，不安定な人向きの**ウォー
カーケイン**や**多脚杖**などがあります 資料2 。

資料2 杖・歩行補助用具の種類

T字杖　多脚杖（四脚杖）　ロフストランドクラッチ　松葉杖　ウォーカーケイン　スタンダード歩行器（ピックアップウォーカー）　歩行車（四輪型）　シルバーカー

✎ ねらい

●高齢者の歩行の傾向を知り，その特徴と介護の方法を習得しよう。

❶**杖の長さ**　①つま先から15cm外側，その位置から15cm前方に置きます。②持ち手が大転子部の位置にくるように合わせます。③杖を持った時に肘関節が150°になるのがめやすです 資料1 。

資料1 杖の長さの決め方

①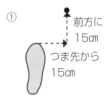
前方に15cm
つま先から15cm

②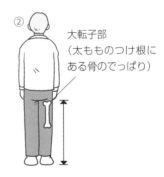
大転子部（太もものつけ根にある骨のでっぱり）

③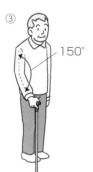
150°

第5章

3. 歩行の方法

　杖歩行には，平地では**三点歩行（三動作歩行）**と**二点歩行（二動作歩行）**があります 資料3 。

4. 手引き歩行の方法

　下肢に筋力低下がある場合には，両手で支える手引き歩行があります。安定した歩行支援が必要な場合は，①介護者が肘から下を支え，②利用者は介護者の腕をつかむ肘介助歩行を行います 資料4 。

❷**患側・健側**　脳血管障害などにより，片麻痺が生じた場合，麻痺がある体側を患側といい，障がいを受けていない体側を健側といいます。健側といっても完全に「健」ではない場合もあり，健側を非麻痺側，患側を麻痺側と呼ぶ場合もあります。
▶p.36

資料4 **肘を支える手引き歩行**

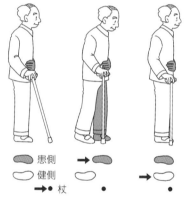

腕をつかむ｜肘を下から支える

介護者　　利用者

TRY

歩行介助をするさいに，床の材質（フローリング，畳，土など）によって介助のしかたや声かけにどのような配慮が必要か考えてみよう。

資料3 **三点歩行と二点歩行（平地）**

〈三点歩行〉
歩き方としては安定しています。

〈二点歩行〉
通常歩行と同じ歩き方です。

🥾 患側
🥾 健側
➡・杖

①杖を出します。　②患側❷の足を出します。　③健側❷の足を出します。

①杖と患側の足を同時に出します。　②健側の足を出します。

　階段での歩行は，バランスを崩しやすいため，介護者は利用者の患側の後方（下りる時は一段下）に立つことがポイントです。次ページの実習を積み重ねて学習しましょう。

………………… **実習目的** …………………

　麻痺側に留意し，安全で安楽に歩行できるように介助します。

………………… **準備するもの** …………………

　利用者の状態に合った杖（長さ・種類）を選択します。

………………… **ポイント** …………………

①利用者の体調を確認します。

②麻痺側の保護，安全・安楽に努め，介護者は

麻痺側（患側）後方（下りる時は一段下）に立ちます。

③杖の先端のゴムが減っていないか確認します。

※言葉をかけながら歩行介助を行いましょう。

………………… **手順** …………………

　二人一組になって，平地の歩行介助，階段昇降の歩行介助（杖を用いた場合，手すりを用いた場合）を行い，感想を述べあいます。

●階段での歩行介助

〈上る場合〉

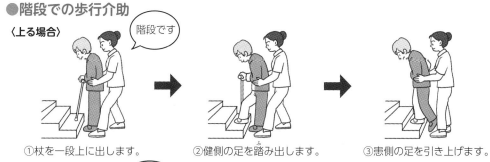

①杖を一段上に出します。　　②健側の足を踏み出します。　　③患側の足を引き上げます。

〈下りる場合〉

①杖を一段下につきます。　　②患側の足を下ろします。　　③健側の足を下ろします。

●手すりがある場合

〈上る場合〉

①健側の手で手すりにつかまり，健側の足で一段上がります。

②上半身を前方に倒し，体重を健側の足にかけながら体幹を引き上げると，患側の足のかかとが上がります。

〈下りる場合〉

①健側の手で手すりにつかまり，患側の足を一段下に下ろします。この時，体重は健側の足に負荷されています。

②健側の手で体幹を支えながら，健側の足を患側の足にそろえます。介護者は，利用者をいつでも支えられるように斜め前方に立ちます。

1. 移乗・移動の意義と目的

移乗・移動の介護は，利用者のQOL（生活の質）に直結する生活支援技術です。車いすを用いることで，地域，社会へと生活範囲が広がり，さらには，世界を旅することなどを可能にします。

車いすは移動のための用具であるため，扱い方が適切でないと転倒や転落，けがなどの事故を起こすことがあります。介護者は，利用者の心身の状態や使用する車いすの特徴などを十分に理解し，支援していくことが大切です。

2. 車いすの種類と名称

車いすには，自分で動かすことができる**自走式**と介護者が操作する**介助式**があります 資料1 。また，**電動式車いす**，背もたれの角度が変えられる**リクライニング車いす**，**片手駆動型車いす**などがあります 資料2 。

資料1 **自走式と介助式**

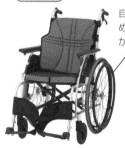

自走式
自分で動かすためのハンドリムがあります。

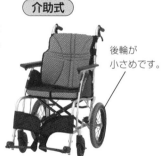

介助式
後輪が小さめです。

資料2 **車いすの種類**

●**片手駆動型車いす**

ハンドリムが2本あり，片手で前進や後進，方向転換ができます。

●**リクライニング車いす**
背もたれの角度が変えられます。

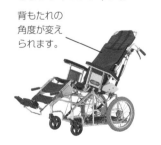

●**電動式車いす**
ジョイスティック（レバー）を倒した方向に進みます。

●**ハンドル型電動車いす**
ハンドルのそばにアクセルのレバーがあります。

車いすには，**標準型**（既製品），**オーダーメイド型**（利用者の体型に合わせたもの），**モジュール型**（各パーツを組み合わせてつくるセミオーダーメイド）があります。最近では，標準型でもフットサポートなどをはずし，背もたれ部分を体型に合わせて調整できる，多機能型の車いすが普及しています。

車いすの各部の名称は，資料3 のとおりです。

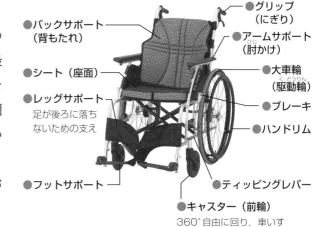

資料3 車いすの各部の名称

- ●グリップ（にぎり）
- ●バックサポート（背もたれ）
- ●アームサポート（肘かけ）
- ●シート（座面）
- ●大車輪（駆動輪）
- ●レッグサポート　足が後ろに落ちないための支え
- ●ブレーキ
- ●ハンドリム
- ●フットサポート
- ●ティッピングレバー
- ●キャスター（前輪）　360°自由に回り，車いすの方向転換をします。

3. 車いすの基本操作（広げ方・たたみ方）

車いすは使用しない時や車に積んで運ぶ時などは，折りたためます 資料4。車いすの使用前の点検では，①ブレーキがしっかりかかるか，②タイヤの空気が抜けていないか，③部品がしっかりと固定されているか，④フットサポートの高さが足の長さと合っているかなどに留意します。

資料4 車いすの広げ方とたたみ方

〈広げる場合〉

①ブレーキをかけます（かかっているか確認します）。

②両手でアームサポートをつかみ，左右に少し広げます。

③シートに両手をハの字に（指がはさまれないように）置き，重心を下げながら広げます。

〈たたむ場合〉

①ブレーキをかけます。

②シートの前後の中央部分を両手でつかみ，持ち上げます。

③アームサポートを持ち，両手でさらに車いすの幅を縮めます。

4. ベッドから車いすへの移乗方法

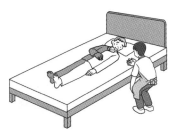

①介護者は利用者に目的と方法を説明して，健側（けんそく）の手足を活用するように促（うなが）し，了解と協力を得ます。

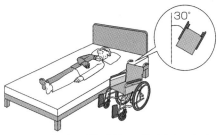

②ベッドに対して約30°の角度で健側に車いすを置き，ブレーキをかけ，フットサポートを上げます。

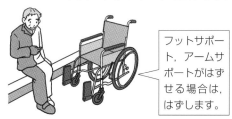

フットサポート，アームサポートがはずせる場合は，はずします。

③利用者はベッドの端（はし）に浅く腰（こし）かけます。

⑤介護者は患側（かんそく）の保護を行い，利用者の健側の足を軸に回転します。

⑥利用者は腰を下ろし，健側の足を引いて力を入れ，介護者は利用者の後ろからからだを引き，深く腰かけさせます。

⑦利用者の足をフットサポートにのせます。

④利用者は健側の手でからだから離れたほうのアームサポートをにぎり，健側の足を前輪の近くに置きます。

②スライディングボードを用いたベッドからの移乗方法

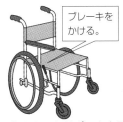

①車いすのアームサポートを取り
はずし，ベッドの真横に車いす
を置き，ブレーキをかけます。

②ベッドに浅く腰かけ端座位にな
ります。利用者のからだを横に
傾け，殿部の下にスライディン
グボードをさしこみます。

③スライディングボードの端を車
いすに設置します。

④介護者の肩に手を回してもらい，上半
身を前傾させ，殿部をすべらせます。

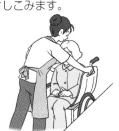

⑤スライディングボードを立てるように
して引き抜きます。

5. 車いすからベッドへの移乗方法

③左片麻痺の場合

①健側がベッド側にくるように約
30°の角度で車いすを置きま
す。ブレーキをかけ，フットサ
ポートを上げます。

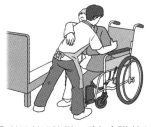

②利用者は健側の手を介護者の背
中に回します。介護者は利用者
の殿部を手前に移動させます。

③利用者は健側の足を一歩前に出
し前傾姿勢になります。介護者
は腰を低くして，利用者を両手
で抱えます。

④介護者は腰を引きつけて利用者
と一緒に立ち上がります。

⑤利用者は健側の足を軸にして回
転します。

⑥介護者はゆっくりと腰を落とし
て，利用者に座ってもらいます。

········ **実習目的** ········

車いすに乗って校内を散策し，段差や不自由な点，車いすを操作するうえでの注意点などを，体験を通して学びます。

········ **準備するもの** ········

車いす

········ **ポイント** ········

①車いすの使用前の点検項目を確認します。

②利用者の状態を確認します（利用者の両手は車いすの内側にあるか，フットサポートに両足がきちんとのっているか，体調はどうか，帽子や防寒具は必要かなど）。

③外出の際はできるだけ通りやすいルートを選び，安全に留意します。

④車いすを押す時，声をかけずに急に車いすを押すことは利用者に不安を与え，大変危険です。介助する前に必ず利用者に声をかけ，段差や坂道などでは立ち止まり，スピードなども利用者に確認します。

⑤利用者と景色などについての会話をしながら，楽しい雰囲気を心がけます。

坂道を移動してみよう

〈坂道での介助方法〉

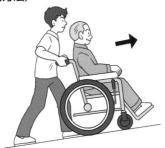

前向きでゆっくり上ります。

介護者は，後方に障害物などがないか注意しながら急な下り坂は後ろ向きにしてゆっくり下ります。

段差のある場所を移動してみよう

〈段差での介助方法〉

段差を上がる場合　※動作をする前に必ず声をかけます。

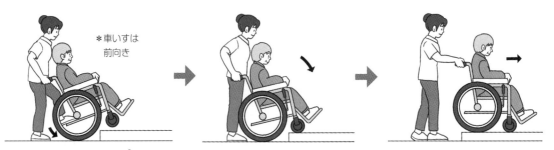

①ティッピングレバーを踏み，キャスターを上げます。

②キャスターを段に載せます。

③後輪（大車輪）を前方に押し上げます。

*車いすは前向き

段差を下りる場合

*車いすは後ろ向き

①後輪を静かに後方へ下ろします。

②ティッピングレバーを踏み，キャスターを上げ，車体を後ろに引きます。

③キャスターが，段差より後方になったことを確認し，キャスターをゆっくりと下ろします。

溝をこえてみよう

〈溝のこえ方〉

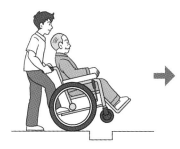
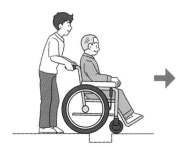

①溝にはまらないように，ティッピングレバーを踏み，キャスターを溝の手前で上げます。

②溝をこえた場所に，キャスターをゆっくり静かに下ろします。

③力を入れて，しっかりとハンドルを持って，溝に後輪がはまらないように通過します。

〈リフトでの移乗〉

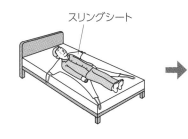

スリングシート

ハンガー

①移動用リフトのつり具（スリングシート）を利用者のからだの下に敷きます。

②リフトのハンガーを降ろし，つり具をハンガーに掛け，ゆっくりとつりあげます。

③お風呂や別室，車いすなどに移動します（移動用リフトは介護保険制度を活用できます）。

第5章

第4節 食事の介護

ねらい

- 食事の意義と目的を理解し，高齢者の自立と快適な生活へ向けた食事のあり方について考えよう。
- 食事を楽しみ，豊かな生活を送るための介護の方法を学ぼう。

---

❶**五感** 視覚，聴覚，触覚，味覚，嗅覚をさします。

視覚
聴覚
味覚
触覚
嗅覚

❷**寝食分離** 寝る場所と食事をする場所を分けることです。

❸**誤嚥** 口のなかの物を飲みこんだ時，誤って気管に入ってしまうことをいいます。肺炎の原因になります。

❹**咀嚼** 食物を上下の歯で噛み砕くことです。

❺**嚥下** 口腔内にある食物を飲みこむことです。

❻**誤嚥性肺炎** 誤嚥性肺炎の原因は誤嚥ですが，体力低下による免疫力の低下，口腔内の細菌の増殖が原因で起こることもあります。そのため口腔内の清潔を保つことと体力低下を防ぐことが大切です。

---

1. 食事の意義と目的

人は，食物が持つエネルギーと栄養素を体内に取り入れることで，生命を維持しています。食事は，生命の維持と健康増進を目的としますが，同時に，楽しみや豊かさを得るための社会的活動でもあります。人は，おいしそうなにおいや音，食材の彩りや盛りつけなどの**五感**❶に刺激され，食事を楽しみ，コミュニケーションをはかっています。

介護者は，生命維持のための食事量や食事動作などの機能面だけではなく，安全で安楽な食形態や食事姿勢，食べる意欲や気持ちに配慮した食事環境を整えることが大切です。

2. 座って食べることの意味

人が起きて生活することは，自らが主体的に暮らすための生活行動の基盤です。**寝食分離**❷の原則があるように，食事をする場所への移動は，ベッド上での生活時間が減り，移動・運動能力の維持拡大，食欲増進，他者とのふれあいにもつながります。また，車いすからいすに移り，食事のための安定した座位を確保することは，**誤嚥**❸の予防になります。また，テーブルの高さや自助具の工夫により，自力で食事ができる機会も増えます。

3.「食べる」という行為の過程

資料1 のように食べる過程は，**食欲，摂食，咀嚼**❹，**嚥下**❺，**消化，排泄**の六つに分けられます。①は，五感で食物を認識し食欲を感じ口腔内に取りこむ過程ですが，認知機能の低下があると食物が認識できないことがあります。②では，上肢に麻痺などがあると口腔内に食物を運ぶことが難しくなります。③では，口腔内に食物が取りこめても，歯の痛みや入れ歯の噛み合わせなどが悪いと，咀嚼できない状況が起こります。④では，うまく飲みこむことができないと，食物が気道に入り**誤嚥性肺炎**❻を起こします。

資料1 「食べる」という行為の6過程と障がい

			障がい
①	食 欲	五感，温度，音，光などで食物を認識する	認知機能・視覚の低下
②	摂 食	上肢を使い，視覚で見ながら口に運ぶ	上肢の障がい・麻痺・ふるえ
③	咀 嚼	口のなかに取りこみ，口を閉じて砕く	歯牙の欠損
④	嚥 下	飲み下しやすい状態にして飲みこむ	反射神経の低下
⑤	消 化	食物を胃腸が消化吸収する	消化管の萎縮性変化，消化液の分泌低下
⑥	排 泄	排便し胃腸を整える	腸管のぜん動運動の減弱

　介護者は，「食べる」という行為において，どの過程のどの部分に支障があり，どの程度の支援が必要なのかを考え，個人の特徴や生活環境を考慮し，その人の持つ力を最大限にいかせるように支援する必要があります。

●**漢字**を覚えましょう●

誤嚥（ご えん）
嚥下（えん げ）

4. 誤嚥予防のための正しい姿勢

5

　「食べる」という行為において，姿勢は重要な意味があります。正しい姿勢で食事をするとは，①食物を認識する（食物が見える

10 位置や状態にあるか），②食物を口に運ぶ（前傾姿勢で頭部がテーブルに近づいているか），③食物を咀嚼する，④食物を飲みこむ（座面が後ろに傾いていないか），こ

15 とです **資料2**。この一連の動作をどのような姿勢で行えるかで，安全で安楽に，そして楽しい食事になるかが決まります。

　ベッド上での誤嚥予防のための

20 食事姿勢は，**資料3**のようになります。誤嚥を防ぐには，安全な姿勢，義歯の適合，誤嚥しにくい食事内容，食べ方の工夫，利用者に合ったひと口の量，食べるペー

25 スなどの細かな配慮が必要です。

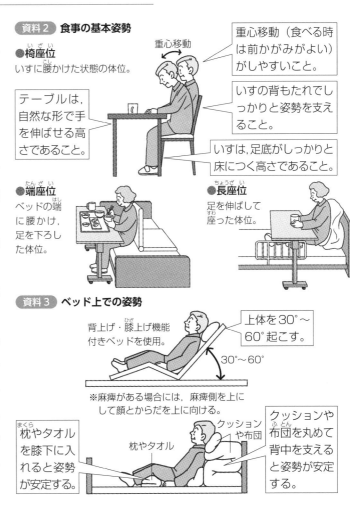

資料2 食事の基本姿勢

●椅座位
いすに腰かけた状態の体位。

重心移動

重心移動（食べる時は前かがみがよい）がしやすいこと。

いすの背もたれでしっかりと姿勢を支えること。

テーブルは，自然な形で手を伸ばせる高さであること。

いすは，足底がしっかりと床につく高さであること。

●端座位
ベッドの端に腰かけ，足を下ろした体位。

●長座位
足を伸ばして座った体位。

資料3 ベッド上での姿勢

背上げ・膝上げ機能付きベッドを使用。

上体を30°〜60°起こす。

30〜60°

※麻痺がある場合には，麻痺側を上にして顔とからだを上に向ける。

枕やタオルを膝下に入れると姿勢が安定する。

クッションや布団

枕やタオル

クッションや布団を丸めて背中を支えると姿勢が安定する。

5. 食事用自助具の活用

　食事は，自分で食べる場合と他人に食べさせてもらう場合とでは，おいしさや食欲が異なるということを，介護者は理解しておく必要があります。最近ではさまざまに工夫された食事用自助具が開発されています。

　たとえば，人さし指と親指でつまむ動作ができれば，箸が使えます。麻痺や拘縮などで，箸がうまく使えない場合や，利き手を交換をした場合でも，バネを利用し，にぎりやすく固定した箸（自助具）を用いれば，自力で食事をすることができます。また，片手でも食べやすく工夫された，すくいやすい皿（すべりどめのある皿や一方が高くなっている皿）や食器などもあります 資料4 。介護用品や自助具を使って，できる限り自分の力で主体的な食事ができるように支援することが大切です。

5

10

資料4 さまざまな食事に合わせて工夫された自助具の例

バネを利用し，にぎりやすく固定した箸

一方が高くなってすくいやすい皿や食器

手に固定できるスプーンホルダー

にぎりやすいスプーンと食べやすい角度に自由に曲げて使えるスプーン

口が低く飲みやすいコップ(左手用)

両手で持てるコップ

ハンドル付き吸い飲み

食器のすべりどめマット

Column

生活の質と食事の介護

　障がいや病気により，口から食事（経口摂取）がとれない場合には，点滴，中心静脈栄養，経管栄養（鼻に管を通す−経鼻栄養，胃内に管を通す「胃ろう」）などの方法があります。在宅介護では胃ろうを選択する場合がありますが，胃ろうをつくったとしても，朝は胃ろうで栄養をとり，昼は自力摂取に向けて，嚥下機能訓練を行いながら口

からとろうとしている人もいます。また，次のような事例もあります。あるホームヘルパー（訪問介護員）がALS（筋萎縮性側索硬化症）の人の自宅を訪問した際に，「今日はお嬢さんがつくられた野菜のスープですよ」と語りかけながら，形のあるスープを利用者に見せながらミキサーにかけていました。一人ひとりの心身の状況に応じて，利用者に合った生活の質を考え支援することが大切です。

6. 食事の工夫

　加齢と共に摂食や嚥下機能が低下すると，むせやすくなり誤嚥を起こします 資料5 。そのため，食品の選択や調理法，摂食時の姿勢の工夫など，食生活全般への配慮が必要です。

5　誤嚥しやすい食品は，口腔内でバラバラになりまとまりにくいとうもろこし，うまく噛めないかまぼこやこんにゃく，口の中で貼りつく餅や焼きのり，わかめ，さらっとした水分などです 資料6 。一方，誤嚥しにくい食品は，ゼリー状やピューレ状，ペースト状になったものです。脂質の少ない魚

10　には，マヨネーズやサラダ油を加える，とろみあんをかけるなど，パサつきやすい食材には調理法を工夫します。最近ではスーパーでも，**とろみ調整食品❶**が市販され，混ぜるだけでとろみがつく補助食品があります。

❶とろみ調整食品（増粘剤）
液体や食物にとろみをつけるための添加剤です。かたくり粉やくず粉を水にとかして食材と一緒に加熱してとろみをつける方法もありますが，ふりかけて混ぜるだけでとろみがつけられるものもあります。入れすぎたり冷めたりすると粘度が増すこともあるため，利用者に提供する前に，試食してとろみ具合を確認するとよいでしょう。

TRY

食品にとろみをつけ，味わってみよう。とろみがあることで，食べやすさやおいしさにどのような変化があるか体験してみよう。

第5章

資料5 　誤嚥のメカニズム

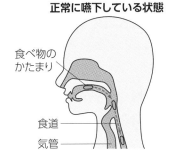

正常に嚥下している状態

食べ物のかたまり

食道
気管

誤嚥したときの状態

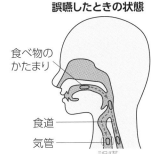

食べ物のかたまり

食道
気管
誤嚥

資料6 　誤嚥しやすい食品の例

誤嚥しやすい食品

口の中でバラバラになり、まとまりにくいもの

とうもろこし　　こんにゃく

かまぼこ

パサパサしているもの

ピーナッツ　　カステラ

さらさらした液体

口の中ではりつくもの

わかめ

その他　　のり

誤嚥しにくい食品

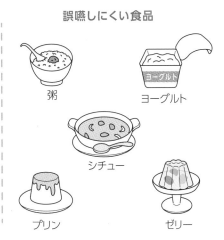

粥　　　　　ヨーグルト

シチュー

プリン　　　　ゼリー

「見て覚える!介護福祉士国試ナビ2019」中央法規出版による。

●視覚障害がある人への食事介護

.... **実習目的** ....

　視覚障害のある人に，話しかけながら食事を勧め，どのような言葉かけがよいか考えます。

.... **準備するもの** ....

　アイマスク，タオルまたはエプロン，食事内容（適宜），いすとテーブル

.... **ポイント** ....

　動作の前に必ず相手に話しかけ，わかりやすく安心できる言葉かけを工夫します。

.... **手　順** ....

①二人一組になり，利用者役はアイマスクとタオルやエプロンを着用し，いすに座って食事が運ばれてくるのを待ちます。

②介護者役は，食事を運び，話しかけながら食事を勧めます。

●臥床状態の人への食事介護

.... **実習目的** ....

　ベッドや布団に横になっている人の食事介護を行い，上体の角度による飲みこみの違いを学びます。

.... **準備するもの** ....

　ベッドまたは布団（30°と60°の上体をつくる），曲がるストロー，コップ，ジュース，タオル，おしぼり

.... **ポイント** ....

①ジュースを飲む前に，首の周りにタオルをかけます。

②飲み物の内容を説明し，了解を得てから飲んでもらいます。

③会話をしながら，楽しく食事ができるように心がけます。

● **クロックポジション**

8時の位置にごはんがありますよ

● 視覚障害がある人の食事を介護する時は，時計の文字盤（クロックポジション）を用いて位置関係を知らせます。

● 食器に手を添えて，位置と輪郭を確認してもらうと同時に，食事の内容を説明します。

.... **手　順** ....

①二人一組になり，利用者役に横になってもらいます。

②利用者役は，首の周りにタオルをかけます。

③ベッドで，30°と60°の上体をつくり，介護者役はそれぞれの角度で利用者役にジュースを飲んでもらいます。その後，角度による飲みこみの違いについて話しあいましょう。

第 5 節 ベッドメーキング

1. ベッドメーキングの意義と目的（快適な生活環境の整備）

　生活の場である住居環境は，生活環境の快適性に大きな影響を与えます。とりわけ，要介護の利用者はベッドのなかで過ごす時間が長いため，寝具を清潔に保つことが大切です。
　また，人は夜間の睡眠中にコップ1杯ほどの汗を出し（**不感蒸泄❶**），寝具はそれを吸収します。気持ちよく整えられた寝具は快適な睡眠を促し，健康的な生活には不可欠です。
　さらに，住居環境を快適にするには，危険に遭遇しないような安全対策が必要です。高齢者は，加齢や障がい，疾病により，視力，聴力，平衡感覚，認知，注意能力が低下します。動作が緩慢になり，日々の生活空間が挟くなると，生活用品を自分の手の届く位置に置く傾向があります。それにつまずき転倒し，骨折することもあるため，個々人の生活習慣や障がい特性に考慮して事故予防に努めることが大切です。

2. ベッドメーキングを行う前の準備

①シーツの種類

　シーツは大別して2種類あります。一つは**フラットシーツ**で，縫い目がない一枚布のものです。マットレスの四隅に三角や四角をつくり，折りこむタイプです。もう一つは**ボックスシーツ**で，四隅が四角く縫製され，ゴムを通したタイプです。どちらも，吸湿性に優れ，洗濯しやすい木綿のものが適しています。

②ベッドの高さ

　利用者が離床しやすいベッドの高さは，床から35〜45cmが目安です。ベッドメーキングの際は，60〜65cmの高さにすると腰の負担も少なく，安全に行えます。

③シーツのたたみ方

　シーツは，ベッドメーキングを手順よく行うために，使用手順にそってたたんでおきます **資料1**。

❶**不感蒸泄**　皮膚や肺から呼気内の水蒸気として蒸発する水分のこと。蒸気を自分で感知できないことからこのように呼ばれています。

資料1 シーツのたたみ方

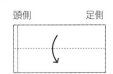

①シーツは縫いしろ（ヘム）の広いほうを頭側にし，表を内側（中表）にして，中央で半分にたたみます。

②さらに，縦半分にたたみます。

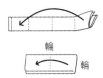

③シーツの中央に向かって，4分の1までたたみます。

④できあがり。

第5章

TRY

眠る時，休息をとる時の理想の環境について話しあってみよう。

3. ベッドメーキングの方法

·········· **準備するもの** ··········

ベッド，マットレス，マットレスパッド，シーツ

·········· **ポイント** ··········

①ボディメカニクスを応用した姿勢・動作で行います。▶p.91

②ほこりを立てないように，静かに行います。

③心地よさと共に褥瘡（じょくそう）予防のために，シーツにしわをつくらないようにします。▶p.124

④寝具類（しんぐ）は，左右均等に整えます。

⑤シーツは，マットレスを包むように意識します。かぶせる，はさむという感覚でつくるとしわになりやすく，崩れ（くず）やすくなるため注意します。

⑥シーツ交換（こうかん）が終了したら，利用者が整えていたのと同じ寝床（ねどこ）の環境に戻します。少しの違い（ちが）でも環境が変わり，利用者の生活行動の制限や自立がはばまれることがあります。

❶三角コーナー シーツにしわやたるみができないようにする方法です。マットレスの角が45°になるように三角形をつくると，シーツの縦と横の繊維（せんい）が重なるため，崩れにくくなります。

ベッドメーキングの手順

①たたんであるシーツの縦の中央をベッドの中央に合わせるように広げます。

②一番上の四半分を広げます。

③広げたシーツをマットレスの下にはさみます。

④折られたシーツの端（はし）を開きます。

⑤シーツの端が上にくるように広げます。

⑥広げたシーツの上下をマットレスの下にはさみます。

三角コーナー❶のつくり方

①左手でベッドの上の角（お）を押さえながら，もう一方の手で三角形になるように広げます。

②三角形をつくります。

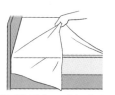

③シーツの下がったところ（どこ）をマットレスの下にはさみます（かんきょう）。

④三角形になったマットレスに接したところを押さえます。

⑤押さえながら右手でシーツを引っ張ります。

⑥手の甲（こう）を上にしてマットレスの下にはさみます。

⑦できあがり。

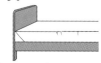

長寿社会開発センター「介護福祉養成 実務者研修テキスト 第4巻」一部改変による。

　　　　　　　　実習目的

　利用者が休息をとる生活環境をよい状態に保つために，崩れにくい，しわやたるみのないシーツ交換を臥床状態で行います。

　　　　　　　準備するもの

　ベッド，マットレス，マットレスパッド，シーツ2枚，防水シーツ，手ぼうき，かご

　　　　　　　　　ポイント

①ボディメカニクスを応用した姿勢・動作で行います。

②効率のよい手順で行います。

③ベッドのストッパーを確認します。

④利用者に声をかけ，協力を促します。

⑤安全に留意して行います。

　　　　　　　　　手　順

　二人一組（利用者役1名，介護者役1名）になり，しわやたるみのないベッドメーキングを行います。

●臥床状態でのシーツ交換

①シーツを交換することを利用者に告げ，ベッドのブレーキ（ストッパー）を確認します。

②ほこりを立てないように，マットの下からシーツを引き出します。

③利用者の足元を通り反対側に回り，利用者に声をかけ，寝返りを促します。サイドレールを取りつけます。

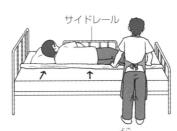

④もとの位置に戻り，汚れたシーツ，防水シーツ，シーツを半分まで丸めます。

⑤ほこりを立てないように，手ぼうきでちりを頭のほうから足元へ払い落とします。

⑥清潔なシーツ類をベッドの半分に敷いて整えます。利用者を清潔なシーツへ寝返りで移し，サイドレールを取りつけます。

⑦反対側に行き，汚れたシーツ類を頭のほうから足元に向かってはずし，かごに入れます。

⑧ベッドメーキングの要領でシーツを整え，利用者の体位を戻します。

⑨終了したことを利用者に告げます。

第6節 衣服の着脱の介護

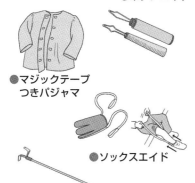

ねらい

● 着替えの効果と目的を理解しよう。
● 寝間着の素材や種類の知識をもとに、からだの状況に応じた介護を習得しよう。

1. 衣服の着脱の意義と目的

　衣服には、汗を吸収し皮膚を保護する、体温を調節する、外部の刺激から身を守るなどの役割があります。また、生活場面にふさわしい衣服を着ることで、気持ちに変化をもたらしてくれます。さらに、日中と夜間を区別して着替えることは、生活にメリハリをつけることにもつながります。

　このように、衣服の着脱（着替えること）は、からだの健康の維持の他、気持ちの変化や精神的安定、習慣や日常生活にリズムをつけるなど、多面的な要素を含んでいます。介護者は利用者の好みに応じて、その時々の状況に適した衣服の選択や着脱ができるように支援することが大切です。利用者の心身の状況に応じ、自助具 資料1 などを活用して自分自身で着替えられるように工夫し、自立支援を促します。

資料1 着替えに用いる自助具
● ボタンエイド
● マジックテープつきパジャマ
● ソックスエイド
● ドレッシングハンド

2. 寝間着の材質と種類

　寝間着は、寝る時に身につける衣服です。したがって、素材はからだの保護と保湿を満たすものが適しています。木綿やガーゼは、吸湿性がよく、通気性、含気性にも優れ、肌触りがよいものです 資料2 。また、素材と共に、家庭で頻繁に洗える衣服が寝間着には適しています。

　寝間着の種類には、和式では浴衣の寝間着や上下が分かれている二部式浴衣があります。洋式ではネグリジェと呼ばれるワンピース型や上下に分かれているパジャマがあります。最近では、トレーナーを寝間着として用いる人も多くいます 資料3 。臥床での寝間着の着脱は、麻痺や痛みがある場合には、前開き上衣のほうがからだへの負担が少ないです。

資料3 寝間着の種類

● 二部式浴衣　● パジャマ　● トレーナー

資料2 寝間着に適した素材

吸湿性がよい	木綿、ガーゼ、メリヤス生地　など
通気性がよい	木綿、ガーゼ、絹、毛　など
含気性がよい	木綿、ガーゼ、毛　など
肌触りがよい	木綿、ガーゼ、タオル地　など

3. ベッド上での寝間着（浴衣）の着脱

浴衣を寝間着とする利用者は，全面的な介護を必要とする場合が多いので，褥瘡を防ぐためにしわがないようにします。
▶p.124

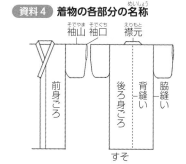

資料4 **着物の各部分の名称**

袖山　袖口　襟元
前身ごろ　後ろ身ごろ　背縫い　脇縫い
すそ

·········· 準備するもの ··········

5　タオルケット，新しい寝間着・ひも

·········· ポイント ··········

①利用者に，着替える説明をして，了解を得てから始めます。

②事前に室内の温度を確認し，利用者にタオルケットなどをかけて露出を最小限にします。

10 ·········· 手　順 ··········

①仰臥位の状態で襟と肩をゆるめ，介護者側に側臥位にして，上側の腕から寝間着の袖を下げて脱がせ，新しい寝間着の袖を通します。

袖を通します

②着ていた寝間着を背中の下に（内側をなかにして）巻きこみます。

15

③新しい寝間着を広げ，背中の中心に背縫い **資料4** を合わせます。反対側の身ごろとひももをからだの下に入れます。

④仰臥位で，手前の腕から着ていた寝間着を脱がせ，新しい寝間着を引き出し袖を通します。

※この時，皮膚の異常などを確認。

着心地はよいですか

⑤新しい寝間着の前身ごろを襟元が「ソ」の字になるように合わせ，着ていた寝間着を内側に丸め足元のほうからとります。

⑥新しい寝間着の背部，殿部のしわを伸ばし，縦結びにならないようひもを結びます。

4. 片麻痺がある人のベッド上での寝間着（パジャマ）の交換

20　麻痺がある場合には，着替えの原則（**脱健着患の原則**）❶に則れば，からだに負担をかけないで着替えることができます。利用者のいかせる力を活用して，できるところは利用者に協力してもらいましょう。

❶脱健着患の原則　衣服を脱ぐ時は麻痺のない側（健側）から，衣服を着る時は麻痺のある側（患側）から着替えます。

①上着は，健側の上腕を曲げてもらい，健側から脱がせます。

右腕を曲げてください

②新しいパジャマを患側から着せます。

③ズボンを健側から脱がせ，新しいパジャマを患側から着せます。

右膝を曲げてください

第5章

第6節 衣服の着脱の介護　113

······ 実習目的 ······

　左麻痺がある場合の着脱を行うことで，着替えの原則（脱健着患）を学びます。

······ 準備するもの ······

　パジャマ上下2セット，いす1脚

●上着の脱ぎ方（前開きの場合）

①ボタンをはずし，患側の衣服を肩まで下げます。

②健側の衣服を肩まで下げ，袖を脱ぎます。

③患側の袖を脱ぎます。

●上着の着方（前開きの場合）

①袖に患側の手を通します。

②肩まで着ます。

③健側の手を後ろに回し，袖を通します。

●ズボンのはき方

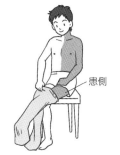
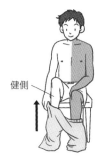

①患側の足を上にして足を組み，まず患側の足を通します。

②健側の足を通します。

③立って引き上げます。

第7節 からだの清潔の介護

1. からだの清潔の意義と目的

　人の成長・発達過程のなかでからだを清潔に保つことは，
①皮膚の汚れを落とし，感染予防ができる
5 ②人間関係を円滑にし，社会参加を促すことができる
③気持ちがさっぱりし，リラックスできる
など，身体的（生理的）・社会的・精神的において重要な意味
があります。しかし，加齢や疾病によって身体機能が低下す
ると，自力での清潔の保持が困難になります。介護者は，利
10 用者が維持してきた清潔の基準をとらえながら支援します。

2. 洗面

　洗面は，主に朝と入浴の際に行われます。皮膚の汚れを洗
い流すことで，顔面の清潔を保ち，爽快感が得られます。
　特に，朝の洗面は，生活リズムをつくるうえでも，身だし
15 なみの面においても重要で，できるだけ利用者本人が行える
ような環境を整えることが大切です。
　離床が困難な場合は，ベッド上で座位の姿勢をとり洗面器
などを用いて行います。自力で行うことができない場合は，
蒸しタオルを用いて顔面を拭き清潔を保ちます。その際にも，
20 蒸しタオルを手渡しして拭いてもらうなど，個々人の状態に
合わせて行います。また，手鏡や卓上鏡などを用いて，顔面
の状態を確認してもらうなどの支援が大切です。

・洗面は，衣服が濡れないような配慮のもと，できるだけ自分で取り組んでもらいます。

3. ひげそり

　ひげは，毎朝の洗面時にそるとよいですが，そる程度や習
25 慣には個人差があります。電気カミソリや使い捨てT字カミ
ソリなど，個々人の好みや身体状態に合わせます❶。
　高齢になると皮膚のしわが多くなり乾燥するため，蒸しタ
オルでひげを柔らかくし，皮膚を伸ばしながら傷つけないよ
うに行います。そった後は，保湿クリームなどで皮膚を保護
30 し整えます。

❶介護職は，利用者の習慣や好みを理解し，できないところを介助しますが，カミソリ（T字型を含む）を使用して行うひげそりはできません。電気カミソリを使用する際も，感染症予防のため利用者本人のものを使用します。

4. 整髪

　整髪時のブラッシングは，頭皮に刺激を与え血行を促します。洗髪前のブラッシングは，髪の汚れを浮き上がらせとりやすくします。自分で髪をとかすことができる場合は，手や肩の運動になります。鏡で自分の姿を見ながら寝ぐせを直したりすることによって，健康的な生活環境をつくり出すことができます。好みに応じた髪型にすることは，自己表現の一つで，気分転換にもつながります。

5. 口腔の清潔

　口腔（口）は，生きていくために欠かせない水や酸素，食べ物を取り入れる部分です。口腔清潔の意識づけは，幼少期より始まり，歯ブラシを用いた歯垢除去の方法やうがいの方法を習得します。しかし，加齢や障がいにより口腔内の清潔が維持できないと，歯周病，虫歯，誤嚥性肺炎などの二次的疾患を引き起こします。

　口腔清潔の方法は，全身状態（心身機能，自立度，体力など）や口腔内の状況で異なります。自助具 資料1 などを活用して，できるだけ利用者本人が行えるように支援します。

6. 義歯（入れ歯）の手入れ

　義歯は，食物の残りかすがつきやすく，感染や口臭の原因にもなります。清潔を保つために，正しい手入れと保管を行うことが重要です 資料2 。

・使いやすい角度に曲げたもの

・把柄部をにぎりやすいよう太くしたもの

・奥歯にも届きやすいよう把柄部を長くしたもの

資料1 工夫された歯ブラシ

資料2 義歯の手入れの方法

①義歯をはずす時は，下あごの義歯からはずし，上あごの義歯をはずします。

②義歯を流水で流しながら歯ブラシを用いて表面，裏面共によく洗います。洗面台に落とすと破損しやすいので丁寧に扱います。

③義歯と接触している残りの歯も丁寧に磨きます。夜間は義歯をはずし，冷水を入れた蓋付き容器につけます。

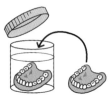

④1週間に一度は専用洗剤につけておき，使用の際は水でよくすすぎます。

TRY
日常で行う清潔行為のやり方やタイミングについて話しあってみよう。

7. 入浴の効果と留意点

　入浴には三つの効果があります 資料3 。また入浴は，からだを清潔にし，血液循環をよくし，疲労回復につながり安眠をもたらします。

5　しかし一方では，体力の消耗や疲労感を伴います。また，転倒や浴槽内でのおぼれ，給湯ミスでのやけどなど，事故につながる可能性もあります。居室，脱衣室，浴室の温度差は，寒冷刺激により血圧上昇を招くため，温度差を小さくするなど，十分に留意して対応する必要があります。

10　**①入浴・清潔保持の種類と利用者の状態・特徴など**

　入浴時の浴槽の種類や清潔保持の方法には，以下のようなものがあります 資料4 。利用者のからだの状態に応じて，適切な方法を選び清潔保持に努めます。

資料3 **入浴の効果**

温熱効果	湯温は40℃前後がよい 入浴時間は15分（湯につかる時は5分以内）をめやすとする 微温浴により副交感神経が働いて，精神的に落ち着く
浮力効果	水中では水の浮力によって，腰や膝の負担が少なくなり動きやすくなる
静水圧効果	水中では水面からの深さに応じてからだに静水圧が加わる 下肢のむくみの軽減の作用がある 高血圧や呼吸器疾患などがある場合は，半身浴は負担がかからない

「見て覚える！介護福祉士国試ナビ2019」一部改変による。

資料4 **入浴・清潔保持の種類と利用者の状態・特徴など**

	種類	利用者の状態	特徴など
浴槽の種類	機械浴	寝たきり，座位や立位保持ができない全介助状態	介護浴槽（ストレッチャーによる臥床入浴），施設での対応
	リフト浴	つかまり立ちができ，座位が可能な状態	リフト機材を使用，施設・在宅でも設置可
	チェアー浴	介助によって立位ができ，座位が可能な状態	介護浴槽（バスチェア）による座位入浴，施設での対応
	手すり，スロープ設置の大浴槽	自力歩行，介助による移動ができ座位安定状態	手すり，入浴設備がある施設など
	家庭風呂（小浴槽）	立位保持ができ，座位保持ができる状態	在宅の家庭風呂，施設内の小浴槽など
清潔保持の方法	シャワー浴	座位保持ができ，チェアー浴，浴槽に入る前，心身の状態により浴槽に入れない状態の時	在宅の家庭風呂，施設内の浴室など
	部分浴（手浴・足浴）	入浴が可能で，部分的に汚れがある状態	在宅，施設，体力や身体状態に応じて実施，入眠を促すなど
	清拭	入浴ができない状態	在宅，施設，清拭タオルなどでからだを拭いてきれいにする

社団法人 日本介護福祉士養成施設協会「国家試験・実技試験免除のための介護技術講習テキスト」（2005年）一部改変による。

●シャワー浴

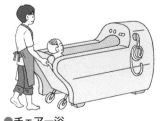

●チェアー浴

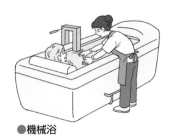
●機械浴

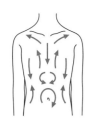

防水シーツ　バスタオル

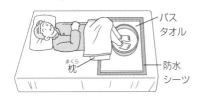

バスタオル

枕（まくら）

防水シーツ

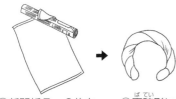

①新聞紙5，6枚を広げて長く丸め，バスタオルで巻きます。

②馬蹄形（ばてい）にします。

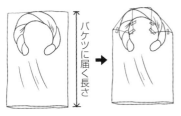

バケツに届く長さ

③ビニール袋に入れます。

④セロハンテープで形を整えます。

②清拭の方法

清拭（せいしき）は，入浴（にゅうよく）ができない要介護者のからだを熱いタオルなどで拭（ふ）き，清潔を保つことです。使用する湯は，55～60℃程度で，室温を22～24℃に調整し，部屋にすきま風が入らないようにします。臥床状態の場合は，顔→耳→腕（うで）→胸部→腹部（はいぶ）→背部→腰部（ようぶ）→殿部（でんぶ）→大腿部（だいたいぶ）→足→陰部（いんぶ）→肛門（こうもん）周囲の順に行います。からだの露出（ろしゅつ）は最小限にし，皮膚（ひふ）についた水分は乾（かわ）いたタオルでそのつど拭きとり，タオルで覆（おお）います。清拭後は，利用者の体調に変化がないか観察します。

③部分浴（手浴・足浴）の効果と留意点

手浴（あしょく）・足浴 資料6 ・ 資料7 には，手足を清潔に保つ，血行をよくする，からだが温まる，爽快感（そうかいかん）が得られる，痛みや不快感の軽減，入眠（にゅうみん）を促（うな）す，拘縮（こうしゅく）予防，爪（つめ）が切りやすくなるなどの効果があります。

防水シーツやタオルを敷き，衣服をたくしあげるなど，寝（しん）具や衣服を濡（ぬ）らさないように留意します。

④洗髪の効果と方法

洗髪（せんぱつ）とは，髪（かみ）の毛や頭皮（とうひ）を洗うことです。洗髪は，からだの清潔保持，感染（かんせん）予防だけではなく，気分転換にもなります。シャワー浴や入浴が困難（こんなん）な場合は，ストレッチャーやベッドに横になった状態，いすに座（すわ）った状態で行う場合もあります。

ベッド上では，洗髪車や洗髪台を用いる方法，ケリーパッドを用いる方法などがあります。水を使わずに頭皮を洗浄（せんじょう）できるドライシャンプーを用いる場合もあります。利用者の状態やその時の状況を考慮（こうりょ）し，使い分けます。▶p.128

●ケリーパッドのつくり方 資料8

ケリーパッド 資料9 はベッドや布（ふ）団（とん）上で寝たままで洗髪する時に，頭にかけたお湯がこぼれないように，お湯の流れ道をつくるための介助用具です。 資料8 を参考に，身近にあるものを利用して，ケリーパッドをつくってみましょう。

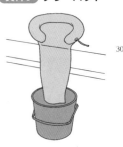

実習目的

二人一組で交互に足浴の介護実習を行い，体験を通じて足浴の効果を学びます。

準備するもの

ベッドまたはいす，バケツ（足浴用,汚水用），防水シート（ビニール），バスタオル，ピッチャー，石けん，タオル，軍手または浴用手袋，温度計，湯（36～39℃）

ポイント

①利用者役の体調を確認します。

②必要な道具を事前に準備しておきます。

③バケツの湯の温度は温度計ではかり，38℃くらいに調節します。

④ピッチャーの湯の温度は少し高めにします。

手　順

①利用者役に足浴の意思を確認したうえで，環境整備を行います。

②利用者役はベッドやいすに腰かけ，姿勢を整えます。介護者役は，利用者役の足元に，防水シーツとバスタオルを敷き，利用者役の衣類を膝上までめくります。

③ぬるめの湯を入れたバケツに足を入れ，よく温めます。

④石けんをつけ，足を洗います。軍手をはめた手で，指の間や足裏を丁寧に洗います。

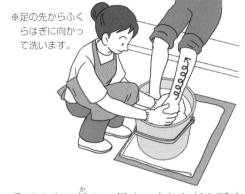

※足の先からふくらはぎに向かって洗います。

⑤湯を取り替え，軽くこすりながら石けんを流すようにすすぎます。足を温めながら，足首を無理なく回したり，上下させたりします。

⑥ピッチャーでかけ湯をして，乾いたタオルで水分を拭き取ります。

⑦利用者役の体調を確認し，使用した道具をかたづけます。

⑧利用者役と介護者役を交代して，お互いに足浴の介護を体験します。体験後，足浴の効果や留意点などについて話しあいます。

●ベッドに端座位の姿勢で

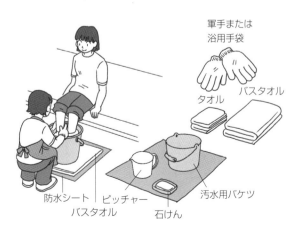

軍手または浴用手袋

タオル　バスタオル

防水シート　ピッチャー　　汚水用バケツ
バスタオル　　石けん

●いすに座って

かゆいところはありませんか

足は温まりましたか

▲言葉をかけながら，足浴介護の実習を行いましょう。

1. 排泄の意義と目的

人は，生命を維持し活動するために水や食べ物を体内に取りこみ，消化・吸収を経て排泄物を排出します。**排泄**は，老廃物を体外へ出す行為であり，健康の**バロメーター❶**でもあります。一方，排泄行為は，幼児期の身辺自立において一番最後に獲得する行為であり，羞恥心を伴うプライベートなものです。

介護をする場合には，人間らしく気持ちよく，できるだけ自分で行えるように支援することが大切です。

2. 排泄のしくみと障がい

排泄行為は，尿意・便意の知覚から始まり，移動，衣服の着脱，排泄できる姿勢，排泄行為と後始末という，複数の行為が求められます 資料1 。これらの過程のどこかに支障があると排泄が困難になります。また，臓器に疾患や障がいがあると，**排尿障害**や**排便障害**といった**排泄障害**が起こります。

排尿障害とは，膀胱より下部にある尿路の形態または機能の異常により排尿が円滑に行われない状態をいいます。排尿回数が多すぎる**頻尿**，膀胱内に蓄尿された尿が出ない**尿閉**，尿が出にくい**排尿困難**，意図せずに尿がもれる**尿失禁**資料2 などがあります。排便障害には，排便回数や量が多すぎる**下痢**，少なく出にくい**便秘**，不随意・無意識に便がもれる便失禁 資料3 があります。

ねらい

- 排泄のしくみとその障がいについて理解しよう。
- 排泄介護の基本的な知識と技術を習得しよう。

❶**バロメーター** ものごとを判断する時の基準。

資料2 尿失禁の種類と特徴

腹圧性尿失禁	咳やくしゃみなど，腹圧の上昇で尿がもれる。
切迫性尿失禁	突然強い尿意をもよおし，こらえきれず尿がもれる。
溢流性尿失禁	排尿困難，尿閉により尿があふれ出る。
機能性尿失禁	運動機能，認知機能，意欲などの低下のために起こる尿失禁。
反射性尿失禁	尿意はなく，一定量の蓄尿刺激が不随意に排尿筋を収縮させて起こる尿失禁。

資料3 便失禁の種類と特徴

漏出性便失禁	便意がなくもれてしまう。
切迫性便失禁	便意はあるがトイレまで我慢できずにもれてしまう。

資料1 排泄行為の過程

①尿意・便意の知覚 ➡ ②トイレへの移動 ➡ ③衣服の着脱 ➡ ④排泄準備 ➡ ⑤排泄 ➡ ⑥後始末 ➡ ⑦もとの場所に戻る

3. 排泄物の状態・性状

　排泄には個人差があるため，利用者のふだんの排泄状態を知り，観察することも大切です。 資料4 ・ 資料5 などのデータをめやすにして利用者の様子を**アセスメント❷**すると，たとえば，尿量が少ない理由として「認知症状によりのどの乾きに気づけない」「尿失禁が不安で外出時は水分を控えている」「心臓疾患により水分の摂取制限があった」などの要因に気づけます。

　排泄は人間にとって日常生活行為です。社会的・心理的な影響も受けやすいため，便や尿の生成のしくみ 資料6 ・ 資料7 を押さえ，多面的な視点からの検討が大切です。

❷アセスメント　ある事象を客観的に評価すること。介護の分野では「利用者が何を求めているかを正しく知ること。それが生活全般のなかでどんな状況から生じているかを確認すること」をいいます。

❸ブリストルスケール　イギリスのブリストル大学で1997年に開発された便の形状の世界的基準です。

資料4 成人の排泄物の性状・量のめやす

尿	1日の尿量	1,200～2,000mL
	色	薄黄色で透明，紅茶色になると脱水気味
	1日の回数	6～7回
便	回数	1日2～3回から2日に1回程度
	便の量	1回100～250g程度
	便の色	食事内容に影響される。ふつうは褐色か黄褐色
	便の性状	バナナ状。形が崩れる（ブリストルスケール便形状タイプ6～7）のは下痢便，ころころ便は水分不足気味

社団法人 日本介護福祉士養成施設協会（2005）「国家試験・実技試験免除のための介護技術講習テキスト」による。

資料5 ブリストルスケール❸便形状

タイプ1		木の実のようなころころしたかたいかたまりのような便
タイプ2		短いソーセージのようなかたまりの便
タイプ3		表面にひび割れのあるソーセージのような便
タイプ4		表面がなめらかでやわらかいソーセージ，あるいは蛇のようなとぐろを巻く便
タイプ5		はっきりとした境界のあるやわらかい半分固形の便
タイプ6		境界がほぐれてふわふわとやわらかいおかゆのような便
タイプ7	水様便	かたまりのない水のような便

資料6 尿の生成

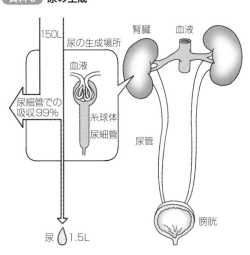

資料7 便の生成

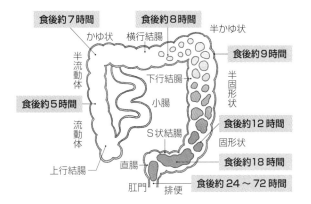

4. 排泄介護のフローチャート

　自分なりに自立して排泄することは、だれもが共通に持つ思いです。そのうえで大切なことは、利用者の状況をアセスメントし、何をどのくらい支援すればよいのかを考え、その人に合った方法を選択することです 資料8 。

資料8 排泄の状態に応じた排泄の場や用具選択のめやす

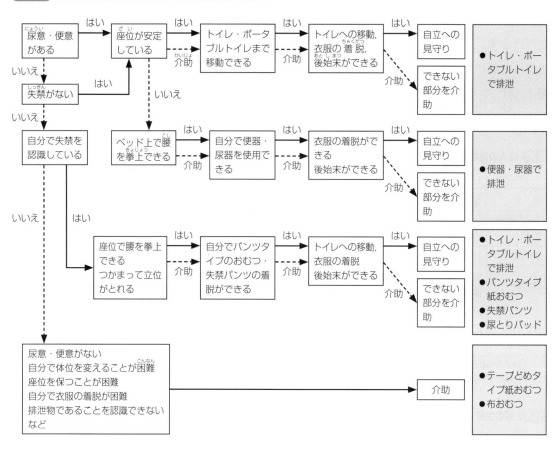

資料9 ポータブルトイレの種類

- 手すりと背もたれがありません。
- けこみ（足を引くことができるスペース）があります。
- 基底面が広く安定感があります。
- 内部のバケツに消音の工夫があります。

- 手すり、背もたれ、けこみがあります。
- 基底面が広く安定感があります。
- 内部のバケツに消音の工夫があります。

- 手すり、背もたれ、けこみがあります。
- 座面を戻すといすになり、居室で使用できます。
- 基底面が広く安定感があります。
- 内部のバケツに消音の工夫があります。

準備するもの

ベッド，ポータブルトイレ，バスタオル，すべりどめマット，おしぼり，トイレットペーパー

ポイント

①ポータブルトイレをベッドの近くに準備し，すべりどめマットを敷き，動かないように安定させます。

②利用者は右上下肢に麻痺（まひ）があります。なるべく自力で行えるように声かけなどを工夫し，必要なところを介助します。

③プライバシーに配慮（はいりょ）し，排泄中はその場を離れ見守ります。

手順

※ポータブルトイレは，使用する時にベッドの近くに移動させます。ベッドは利用者の膝（ひざ）が直角になる程度に下げておきます。

①利用者に目的と方法を説明し，ベッドの足下側の床にすべりどめマットを敷き，ポータブルトイレを設置します。プライバシーに配慮するため，バスタオルを準備します。

②端座位（たんざい）で座（すわ）っている利用者に，健側（けんそく）の手でポータブルトイレの遠いほうの肘掛（ひじか）けをにぎるように声をかけます。

○○さんお待たせしました。それでは，遠い方の肘掛けを左手で握ってもらえますか？

③介護者は右足と腰を補助し利用者に立ってもらい，からだをポータブルトイレのある側に回転してもらいます。

イチ，ニイ，サンで立ち上がり，左足を軸にして回りましょう。

④介護者は，ズボンと下着を下ろし，姿勢が崩（くず）れないように手を添（そ）え，ゆっくり深く腰かけてもらいます。介護者は利用者がしっかり座れているかを確認します。

ズボンを下ろしますね。ゆっくりと腰を下ろしましょう。

⑤プライバシーに配慮するため，準備したバスタオルをかけ，トイレットペーパーとおしぼりを手の届くところに置き，場を離れます。

バスタオルをかけます。終わったら呼んでください。

第5章

第9節 褥瘡の予防

📎 ねらい 🔗🔗🔗🔗🔗

● 褥瘡の発生原因と予防の必要性を理解しよう。

● 褥瘡の発生しやすい部位を知り，予防の介護ができるようにしよう。

❶壊死　生物の一部の組織や細胞が死ぬこと。

資料 1 褥瘡の発生しやすい部位

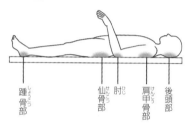

踵骨部　仙骨部　肘　肩甲骨部　後頭部

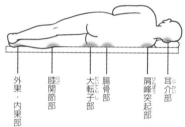

外果・内果部　膝関節部　大転子部　腸骨部　肩峰突起部　耳介部

TRY
寝返りをせず，一定時間横になり，圧迫されている部位のようすを見てみよう。

1. 褥瘡の発生原因

褥瘡とは，からだの骨の突出部が長時間圧迫されることにより，血行障害が起こり，皮膚と皮下組織の一部が**壊死**❶した状態をいい，**床ずれ**ともいいます。褥瘡の主な発生原因には，次の四つがあります。　5

①**圧迫**：長時間同じ姿勢でいる（血行が悪くなる），窮屈な寝間着，ひもの締めすぎ，シーツのしわ，かたいもの，寝具などによる圧迫など。

②**摩擦**：皮膚と皮膚の接触，糊のきいたシーツ，シーツや寝間着のしわ，ずり落ちた座位姿勢による摩擦など。　10

③**不潔と湿潤**：おむつや防水シーツによる皮膚の蒸れ，汗や尿で濡れた衣服やシーツでの汚染や湿潤など。

④**全身の機能低下**：栄養不足とバランスの悪さ（良質のたんぱく質，ビタミンA・B・Cの不足など），血行障害，浮腫，運動機能障害，皮膚の乾燥・萎縮など。　15

2. 褥瘡の予防

褥瘡は，予防することが一番といわれています。高齢者は，少しの体調不良でも褥瘡ができ，一度でもできてしまうと治るのに時間を要します。褥瘡の発生しやすい部位 資料1 と予防のポイント 資料2 を押さえ，支援することが大切です。　20

資料 2 褥瘡予防のポイント

ポイント	内容
①圧迫の除去	同一姿勢による長時間の圧迫を避けます。仙骨部周辺は，仰向けでの臥床，同一姿勢での座位でも圧迫されるため注意します。圧迫を受けやすい部分に予防用具を活用し，体圧を分散させます。
②摩擦の除去	ベッドをギャッチアップ（ベッドの頭や足の部分に角度をつけること）した時などのからだのずり落ちの除去，おむつ交換の際におむつを引っ張らない，無理やりからだを引き上げたりしない，シーツや衣服にしわをつくらないようにします。
③不潔・湿潤の除去	皮膚を清潔にし，乾燥させ，血行をよくします。入浴できない場合は，全身清拭や部分清拭を行い，おむつは濡れたらすぐに取り替え清潔を保ちます。
④栄養状態を良好に保つ	良質のたんぱく質やビタミンCなどを含むバランスのよい食事をとり，全身状態の観察を怠らないようにします。

第10節 災害時の介護

1. 災害時支援の意義と目的

　災害の種類には，洪水，崖崩れ，土石流および地滑り，高潮，地震，津波，大規模な火事などがあり，災害の規模によってはライフライン❷が止まることもあります。

　災害が発生した場合には，要配慮者❸（高齢者，障がい者，乳幼児など）の安否確認や，すみやかな避難行動が求められます。また，要配慮者のうち，自ら避難することが困難な者で，その円滑かつ迅速な避難の確保をはかるため，特に支援を要する者を**避難行動要支援者**といいます。

　介護者は，まずは自分の身を守った上で，チームで利用者へのケアを行うことが期待されます。

2. 災害時における生活の場所

　災害により家に戻れない住民などが一時的に滞在することを目的とした施設を**避難所**といいます。

　災害時の被災者の避難生活場所には，　資料1　のような場所があります。

　一般避難所は，災害により自宅が損壊するなど家に戻れなくなった住民などの避難のため災害発生直後に開設されます。学校の体育館や公民館などを市町村が指定しています。

　福祉避難所は，一般の避難所生活では支障をきたす要配慮者に対して，特別の配慮がなされた避難所のことです。市町村が事前に特別養護老人ホームなどの福祉施設を指定しています。災害時に避難者や指定先の状況に応じて開設されます。

　災害時などいかなる状況においても，その人の暮らしの継続ができるように支援をしていく必要があります。

ねらい

● 災害時の要配慮者への支援の意義と目的を理解しよう。
● 避難所でも利用できる生活支援技術を学ぼう。

❷**ライフライン**　電気，ガス，水道，通信，交通など生活するのに必要不可欠なシステムをいいます。

❸**要配慮者**　災害対策基本法では，要配慮者とは高齢者，障がい者，乳幼児，その他の特に配慮を要する者と定められています。具体的には妊産婦，傷病者，内部障害者，難病患者，日本語の不自由な外国人などです。

TRY
災害時に備えて事前に用意しておくと便利な介護用品を考えてみよう。

資料1　避難生活場所の例

種類	場所
在宅での避難生活	安全が確認できる場合は，自宅などで避難
一般避難所（一次避難所）	例：学校の体育館や公民館など
福祉避難所	例：特別養護老人ホームや障害者施設などの福祉施設
応急仮設住宅	仮設された簡単な住宅（プレハブなど）

3. 災害派遣福祉チーム

❶災害派遣福祉チーム　DCATや
DWATと呼ばれます。チーム構成員は，
社会福祉士，精神保健福祉士，介護福祉
士，ホームヘルパー，看護師，保育士な
ど4〜6人程度で構成されます。

東日本大震災では，長引く避難生活での過労や持病の悪化，ストレスなどが原因で死亡する震災関連死が見られました。

そこで避難者の生活の支援として**災害派遣福祉チーム**❶DCAT（Disaster Care Assistance Team）やDWAT（Disaster Welfare Assistance Team）の派遣が広がっています。

避難所などを巡回しながら，要配慮者などの相談にのり，福祉避難所への移送，入浴介助，高齢者の運動指導などの支援をしています。また，行政機関や医療機関と連携し，避難所などの環境改善を提言するなどして，避難所での生活はもちろん，避難生活が終了した後も安定的な日常生活に戻れるよう支援しています。

4. 避難所でも利用できる生活支援技術

災害時は，学校の体育館などの避難所で生活をすることがあります。ここでは，利用者が安心して床から立ち上がる方法を覚えておきましょう。この方法は日常生活のなかでも，直接床に座る習慣がある人や，和室に布団を敷き生活している人にも有効です。

①床面からの立ち上がり（いすを用いた場合） 資料2

●準備するもの：安定したいす

●ポイント

①利用者に前もって立ち上がることを説明して，了解を得てから始めます。

②利用者も介護者も無理な姿勢になっていないか確認しながら行います。

③急に立ち上がるとふらつく場合がありますので，安定して立ち上がったことを確認してください。

資料2　いすを用いた床面からの立ち上がり

・利き手側（麻痺がある場合は健側）にいすを置く。

・利き手（健側の手）で身体を支え片ひざ立ちになる。

・いすに利き手（健側の手）を乗せ，力を入れて立ち上がる。いすがない場合は，かたひざ立ちした介護者の大腿部をいすの代わりにしてもよい。

・手で支えて立ち上がる。

・いすに座る。

・足を引き，上体を前かがみにして立ち上がる。

②一人で立ち上がれない人への介助方法

①利用者に膝を抱えて体育座りの姿勢をとってもらいます。

②利用者に片足を一足分前に出して，胸の前で腕を組んでもらいます。介護者は利用者の後ろから利用者の脇と腕の間に腕を入れて前腕部分をつかみます。

③介護者は体重移動ができるように片足を下げます。

④利用者は前かがみになり，②で前に出した足に力を入れます。

⑤介護者が利用者を斜め上へ押し出すように上にあがります。立ち上がった後は利用者にふらつきがないかを確認します。

資料3 望ましくない例

　後方から力任せに持ち上げようとすると，痛みを感じるだけではなく不快感を与えてしまう可能性があり，介護者側も腰痛の原因となります。

③災害時の洗髪やトイレの工夫

　災害時はライフラインが止まることが想定され，洗髪やトイレなどの課題が出ます。水を使用しなくても利用できるドライシャンプー 資料4 を用いた洗髪は有効です。また災害時以外でも，自宅で入浴ができない場合に利用できます。 5

　ドライシャンプーには，①まんべんなく噴射するだけで爽快感があるスプレー・ミストタイプ，②持ち運びが便利で皮脂をしっかりと拭きとるシートタイプ，③低刺激でさらっとした仕上がりになるパウダータイプ，④髪全体になじませてにおいやべたつきを抑えるフォームタイプなどがあります。 10

　災害用トイレ 資料5 にはさまざまな種類があり，携帯トイレや簡易トイレなどが販売されています。また，車いすのままでも入れる広さのあるマンホールトイレや仮設トイレも設置される可能性があります。

　また，自宅避難時に活用できるよう，排泄用の簡易トイレをつくっておくと便利です。既存の便器を活用する方法と，便器が破損・汚損してしまって使えない時は，バケツや段ボールを使う方法がありますが，どちらも作成方法は共通しています。 15

資料4 **ドライシャンプー**

スプレータイプ　　　パウダータイプ

シートタイプ　　　フォームタイプ

資料5 **災害用トイレ**

・段ボールを用いた簡易トイレ

・組み立て式簡易トイレ

災害用マンホールトイレ
下水管路の上にあるマンホールの上に便座やパネルを設け，災害時に迅速にトイレ機能を確保するもの。

準備するもの

段ボール（大），段ボール（小），カッター，カットした段ボール，粘着テープ，ペン，ポリ袋2枚（45L，なければ30Lでも可），新聞紙 数枚（なければ雑誌などの紙類の他，猫砂やおむつでも可）など。

ポイント

①段ボールが荷重に耐えられないこともあります。使用には十分注意します。

②羞恥心や衛生面，防犯の観点から，目隠しとなるシートを用意します。

手順

①段ボール（大）の側面に，段ボール（小）の型をペンでとり，型に沿ってカッターで3辺を切ります（1辺は残して蓋にします）。

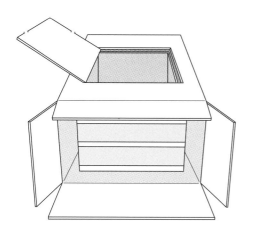

②段ボール（小）のあいている面を段ボール（大）の切り取った面に合わせて入れます。隙間にカットした段ボールを入れて埋めます。

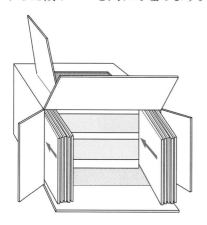

③段ボール（大）を閉じて，粘着テープでしっかり止めます。段ボール（大）の周りも粘着テープで補強します。段ボール（小）のなかにポリ袋を2枚重ねて入れます。2枚目のポリ袋の上にちぎった新聞紙を置けば，段ボールトイレの完成です。凝固効果や消臭効果としておむつや保冷剤を入れることも有効です。

④排泄後，上のポリ袋の口を結び，所定の場所に捨てます（災害時のゴミの収集方法は自治体により異なります。ゴミの収集が停止している場合には，各家庭で蓋付きゴミバケツなどの容器に保管しておきます）。

第6章 看護の実習

第1節 家庭看護の意味

ねらい

●看護の定義について理解しよう。
●家庭看護の大切さを理解しよう。

1. 家庭看護

　現在では，高齢者や障がい者が住み慣れた地域や家で生活することが求められています。高齢者は加齢に伴う心身の変化と長年の生活習慣の蓄積によって，疾病や障がいが発症しやすくなります。高齢者が生活する家庭では，本人と家族がそれらに対応していかなくてはなりません。家族には，家族のだれかが病気になったり，けがをした時には回復に向けて働きかけるセルフケアの機能が備わっています。高齢者のQOL向上のために，高齢者本人と家族のセルフケア能力の
▶p.10
向上は重要です。家庭でだれもが行える高齢者へのケアを，ここでは**家庭看護**と呼ぶことにします。

2. 看護とは何か

　ナイチンゲール❶や**ヘンダーソン**❷などの理論家が**看護**を定義しています。看護とは，環境に影響を受けやすい人間を健康に導くために，「人間」と「環境」に働きかける実践のことです 資料1 。家庭看護では，家族のメンバーの心身の変化に応じて，最も身近な家族が看護を提供します。

　この章では，高齢者によく見られるからだの変化や疾患，症状に着目し，家庭看護の実践方法について説明しています。

❶**ナイチンゲール** Florence Nightingale（1820〜1910）。イギリスの看護師。クリミア戦争（1853〜1856年，フランス，オスマン帝国，イギリスを中心とした同盟軍およびサルデーニャとロシアとの戦い）の際，傷病者の看護に献身的な努力を続け，「クリミアの天使」と呼ばれたことは世界的に有名です。近代的看護法の創始者ともいわれます。

❷**ヘンダーソン** VirginiaAvenel Henderson（1897〜1996）。アメリカの看護学者。著書の「看護の基本となるもの」のなかで，正常な呼吸や適切な飲食，睡眠と休息など14の基本的な看護の構成要素について述べています。

資料1 **看護を定義する三つの構成要素**

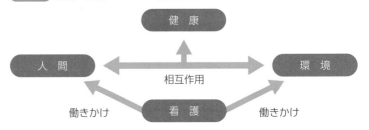

第2節 バイタルサイン（生命徴候）の見方

1. バイタルサインの測定

　身体的状態を客観的に観察・測定することができる**体温（T）・脈拍（P）・呼吸（R）・血圧（Bp）および意識**を，一般的に**バイタルサイン（生命徴候）**❸といいます。特に体温（T）・脈拍（P）・呼吸（R）および血圧（Bp）は，からだが正常な時は安定した値を保っていますが，からだに異常が起こると敏感に反応します。これらの測定を定期的に行い，その結果を表にしておくと，からだの状態がひと目でわかり，看護に役立ちます　資料1。

　ねらい

●バイタルサイン（生命徴候）について理解しよう。
●体温・脈拍・呼吸・血圧の測定の方法を理解しよう。

❸バイタルサイン（生命徴候）
体温　Body Temperature
脈拍　Pulse
呼吸　Respiration
血圧　Blood Pressure
意識　呼びかけた時の反応の有無や，痛み刺激に反応するかどうかなどの方法で意識レベルを確認します。

資料1 体温表

暦　　日	7/21	7/22	7/23	7/24	7/25	7/26	7/27	7/28	7/29	7/30
病　　日										

（グラフ：体温T，脈拍P，呼吸R）

R 50 40 30 20 10
P 130 120 110 100 90 80 70 60 50
T 39.0 38.0 37.0 36.0 35.0

| 血　　圧 | 138/86 | 142/90 | 130/82 | 136/90 | 128/78 | 132/80 | 134/82 | 140/88 | 126/82 | 134/84 |
| 尿　　量 | | | | | | | | | | |

Column

サチュレーション（SpO₂）とバイタルサイン

　新型コロナウイルスの感染拡大に伴って，サチュレーション（SpO₂）という言葉を耳にするようになりました。サチュレーション（SpO₂）とは体内のヘモグロビンと結合した酸素量の割合のことで，パルスオキシメーターを使い，皮膚を通して光の吸収度で測定します。サチュレーション（SpO₂）もバイタルサインの一つです。

2. バイタルサインの測定方法

①体温測定

　体温とは，体内の温度をいいますが，体内に温度計を挿入して測定することはできません。そこで，一般には，腋窩（脇の下）・直腸・口腔で体温を測定します。成人の正常体温は36.0〜37.0℃ですが，年齢や個人差などによって異なります。また，乳幼児は高く，高齢者になると低くなります。1日のうちで，体温が最も低いのは午前2〜6時，最も高いのは午後3〜8時です。

　また，体温は入浴や食事・運動の影響を受けるため，日ごろから平熱を測定しておくことが大切です。測定部位によっても変化し，腋窩→口腔（または鼓膜）→直腸の順に高くなります 資料2 。腋窩で37.0〜38.0℃未満を微熱，39.0℃以上を高熱といいます。体温計には，電子体温計や水銀体温計をはじめ，最近では非接触型体温計などがあります 資料3 。体温の測定には次のことを注意します。

資料2 **からだの各部の体温**

腋窩温　＜　　口腔温　　＜　直腸温
　　　　　　　鼓膜温
　　　　　（＋約0.6℃）　（＋約0.4℃）

香春知永，齋藤やよい「基礎看護技術」による。

資料3 **電子体温計・非接触型体温計**

●体温の測定方法

①測定前に，脇の下の汗を乾いたタオルなどで拭き取ります。

②体温計の先を脇の下の中央のくぼみに当て，下から上へ斜め45°の角度に傾けて，腕を下ろしてはさみます。

脇の下のくぼみの部分に体温計を当てます。

45°

③肘を少し前のほうでからだに密着させ，体温計が動かないように保持して測定します。

水銀体温計の場合は，10分間測定します。

介護者が軽く手を添えて保持します。

　仰臥位で測定する時は，腕を枕やクッションなどで固定すると安定します。麻痺のある場合は，健側で測定します。

患側　健側　クッション

④測定後，体温計をアルコール綿で拭くか，流水で洗います。水銀体温計は，水銀柱を35.0℃以下に下げて保管します。

②脈拍測定

　脈拍は，心臓の拍動をいい，皮膚の上から動脈にふれることで心臓の拍動数や規則性を見るものです。体温と同様に，運動や食事などに影響を受ける他，年齢や精神的な影響も受けて変化します。成人の場合は1分間60〜80回，高齢者では60〜70回が基準値です 資料4 。脈の強さやリズムの一定性についても同時に測定します。

　脈拍の測定部位は， 資料5 のようにからだの各部分で測定可能ですが，一般的には橈骨動脈❶という手首の内側の親指の付け根にある動脈で測定します 資料6 。その他の部位での測定は 資料7 ・ 資料8 のとおりです。

資料5 脈拍測定部

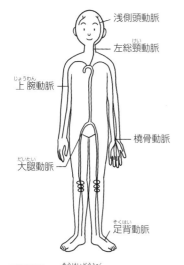

- 浅側頭動脈
- 左総頸動脈
- 上腕動脈
- 橈骨動脈
- 大腿動脈
- 足背動脈

資料7 足背動脈での脈拍測定

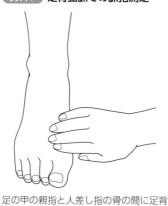

足の甲の親指と人差し指の骨の間に足背動脈が通っています。測定方法は橈骨動脈と同様にします。

資料4 安静時の年齢別脈拍数

年齢	脈拍数／分
新生児	120〜140回
乳児	100〜120回
1〜2歳	90〜110回
2〜3歳	80〜100回
学童期	70〜90回
13〜20歳	70〜80回
成人	60〜80回
老人	60〜70回

❶橈骨動脈　手首の内側の親指側を通る動脈のことです。

資料6 橈骨動脈での脈拍測定

しばらく安静にしてから測定を始め，脈のリズム・強弱などの異常に注意しながら，1分間数えます。

資料8 左総頸動脈での脈拍測定

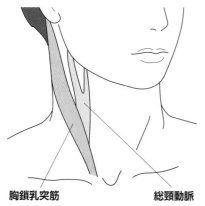

- 胸鎖乳突筋
- 総頸動脈

耳の付け根から鎖骨にかけて伸びている筋肉（胸鎖乳突筋）の内側に総頸動脈が通っているので，橈骨動脈の測定と同じように3本の指で測定します。脳に血液を送る血管なので，強く押しすぎないようにします。

TRY
　二人一組になり互いの脈を1分間測定してみよう。

第6章

年齢	回数/分
6週間	30〜60回
6か月	25〜40回
3歳	20〜30回
6歳	18〜25回
10歳	17〜23回
成人	12〜18回
65歳以上	12〜28回
80歳以上	10〜30回

❶腹式呼吸と胸式呼吸　腹式呼吸は空気を吸いこんでお腹を膨らますイメージで行う呼吸です。肺の下にある横隔膜を下げて肺に多くの空気を入れます。胸式呼吸は肋骨の間の筋肉を広げて肺に空気を入れます。呼吸が浅くなりがちな高齢者には腹式呼吸を練習してもらうと酸素が十分取り入れることができます。

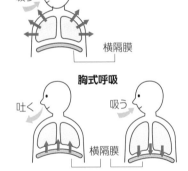

腹式呼吸
吸う
横隔膜

胸式呼吸
吐く　吸う
横隔膜

③呼吸測定

　呼吸とは，外界から空気（酸素）を取りこみ，二酸化炭素を体外に排出するはたらきをいいます。

　呼吸も，運動や精神的な影響を受けて変化します。そこで，測定時にはしばらく安静にしてから胸部や腹部の動きを1分間測定します。成人の場合は，個人差がありますが1分間12〜18回程度が基準値です 資料9 。回数の他にリズムや深さも測定します。呼吸は，自分で意識的に回数を変えることができるので，測定していることを相手に気づかれないように測定します 資料10 。

　ふつうは仰向けに寝た状態の仰臥位で測定します 資料11 。男性は**腹式呼吸❶**が多いため腹部を，女性は**胸式呼吸❶**が多いため胸部を観察します。呼吸が浅く，測定しにくい場合には 資料12 の方法で測定します。

資料10 **相手に気づかれないように呼吸測定する方法**

呼吸は意識的に変えることもできるので，脈拍を数えるようにして相手の手をとり，呼吸をはかります。

資料11 **呼吸測定の体位と部位**

腹部（男性）　胸部（女性）

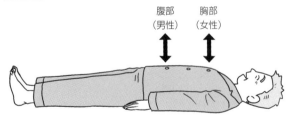

しばらく安静にしてから，腹部あるいは胸部の上下運動を1分間測定します。回数と同時に深さ・リズムも測定します。

資料12 **呼吸が浅くて測定しにくい時の方法**

鏡を鼻孔に近づけ，鏡のくもる回数を見ます。　軽い紙片を近づけます。

④血圧測定

　血圧とは，血管のなかを流れる血液が血管壁を垂直に押し広げる圧力をいいます。一般に血圧と呼ばれているものは動脈圧のことです。血圧を測定するには，**血圧計**を用います 資料13。血圧は，心臓が収縮した時に最も高くなり（**最大血圧**，収縮期血圧），拡張した時に最も低くなります（**最小血圧**，拡張期血圧）。血圧の基準は，診察室血圧と家庭血圧があり，家庭血圧は診察室血圧よりも5mmHg低い基準が用いられます。血圧は，年齢，体位，食事，運動，喫煙，飲酒，▶p.90 精神的要因などによって変動します。血圧の正常値は，最高血圧140mmHg未満／最低血圧90mmHg未満であり，細かく区分されています。なお, mmHgは「水銀柱ミリメートル」または「ミリメートルエッチジー」と読みます。

●血圧測定のポイント（水銀レス血圧計の場合）

①測定前には安静にします。

②定期的に測定する場合は，姿勢や測定する腕（右か左か），条件（時間・環境など）を同じにします。

③マンシェット❷を巻いた位置と心臓の高さが，ほぼ水平になるようにします 資料14 ・ 資料15。

④予想最高血圧よりも20～30mmHgくらい高くなるように徐々にマンシェットを加圧します。

⑤加圧後，マンシェットからゆっくりと空気を抜き❸，最高血圧，最低血圧を読みます。

資料13 **電子血圧計と水銀レス血圧計**

電子血圧計

水銀レス血圧計

❷**マンシェット**　血圧計とつながった，環状の帯のこと。上腕部に巻き，マンシェットのゴムのうに空気を送りこんで，動脈を圧迫します。

❸脈拍ごとに2mmHgずつ空気を抜いていきます。

資料14 **マンシェットの正しい置き方**　資料15 **血圧測定**

袖をたくし上げます。

上腕動脈

ゴムのう

マンシェットのゴムのうの中心が上腕動脈に当たるように置いて巻きます。

測定部位が心臓と同じ高さになるようにします。

第6章

第 3 節 口腔の清潔

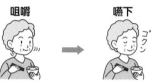

ねらい

● 高齢者の健康と口腔内の衛生とのかかわりについて理解しよう。
● 口腔ケアの基本を理解しよう。

---

❶咀嚼 食物を口のなかで細かくするために噛むことです。

❷嚥下 食物を食道から胃に送りこむために飲みこむことです。

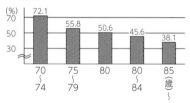

❸言語の構音 声は声帯の開閉と呼気圧でつくられます。頬，くちびる，舌，歯などで声を調整します。頬，くちびる，舌，歯などの位置と使い方で一語一語の発音や抑揚，音色が決まります。

資料1 **8020達成者の推移**

厚生労働省「令和4年歯科疾患実態調査」による。

❹歯周病 歯肉に起こる炎症を歯肉炎，歯槽骨まで及ぶものを歯周炎といいます。

健康な歯	歯肉炎	歯周炎

清潔に保たれて，出血のない健康な状態。

汚れが蓄積し歯肉に炎症を起こし，出血する。

歯周ポケットができ，歯石がたまり，膿が出る。歯を支える骨も溶けている。

❺誤嚥 嚥下機能の低下により，食物や唾液が食道ではなく気管に入ることです。

---

1. 口腔の機能と衛生

①口腔の機能

　私たちは，毎日食事をとって健康なからだをつくります。そして食事は，生活における楽しみの一つでもあります。そのためには，食べるための身体機能である**口腔**の機能が備わっていなくてはなりません。口腔は，食物の**咀嚼❶**，**嚥下❷**の機能だけでなく，**言語の構音❸**，呼吸などの機能もあり，なかでもくちびる（口唇）と歯，舌，頬，唾液は，咀嚼や嚥下の重要な役割を担っています。

②口腔と衛生

　高齢者の健康と口腔内の衛生とには深いかかわりがあります。1990年ごろから，80歳で自分の歯を20本以上残すことを目標とする8020運動が始まりました。▶p.27 そして自分の歯を20本以上持つ人が年々増加しています。「平成28年歯科疾患実態調査」では，8020の達成者が調査開始以来初めて50%をこえました **資料1**。自分の歯を20本以上保つには，むし歯（う歯）や**歯周病❹**の予防が重要です。う歯や歯周病は，歯や歯肉に限定した健康問題ではありません。う歯や歯周病による歯の欠損が要因となり，食事が十分にとれなくなって栄養不足になったり，食欲の低下につながったりすることがあります。また，歯の欠損により正しい咀嚼・嚥下ができなくなることによって，**誤嚥❺**を起こし，肺炎を引き起こすこともあります。

　また，唾液の分泌量の減少によって口腔内をきれいにする作用が低下したり，歯周病などの原因菌により，肺炎をはじめさまざまな疾患を引き起こすことがあります。さらに，咀嚼は脳への刺激となるので，認知症予防にも有効となる重要な機能といえます。

資料2 **永久歯**

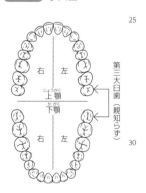

このように，口腔の清潔を保つことは，う歯や歯周病の予防だけでなく，高齢者のさまざまな疾患を予防する重要なケアであり，高齢者のQOLを高めることにつながります 資料3 ・資料4 。

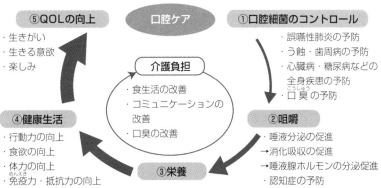

資料3 高齢者の口腔ケアとQOLの関係

⑤QOLの向上
・生きがい
・生きる意欲
・楽しみ

口腔ケア

①口腔細菌のコントロール
・誤嚥性肺炎の予防
・う蝕・歯周病の予防
・心臓病・糖尿病などの全身疾患の予防
・口臭の予防

介護負担
・食生活の改善
・コミュニケーションの改善
・口臭の改善

④健康生活
・行動力の向上
・食欲の向上
・体力の向上
・免疫力・抵抗力の向上

②咀嚼
・唾液分泌の促進
→消化吸収の促進
→唾液腺ホルモンの分泌促進
・認知症の予防

③栄養

渡邉誠・岩久正明「歯科衛生士のための高齢者歯科学」一部改変による。

資料4 口腔の汚れがもたらす全身の病気

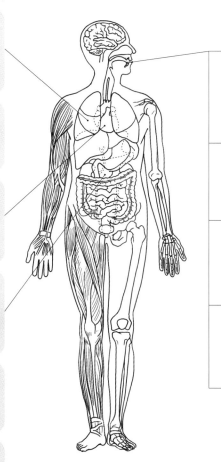

●肺炎
口のなかの細菌が気管支や肺に流れこみ，肺炎を起こします。特に嚥下障害のある高齢者は，食物や唾液を誤嚥して誤嚥性肺炎を起こしやすくなります。

●インフルエンザ
口のなかが汚れていると細菌が出す酵素によってのどの粘膜が荒れて，ウイルスがつきやすくなってしまいます。

●心臓病
歯周病菌は毛細血管を介して血流にのり，冠状動脈（心臓に栄養や酸素を供給する血管）の動脈硬化に関与して，心臓弁膜症や心筋梗塞などを引き起こします。

●糖尿病
歯周病があると血糖のコントロールが悪化しやすく，糖尿病があると免疫が落ちて歯周病が治りにくいなど，互いにリスクを高めます。

●低栄養
口のトラブルがあると食べられるものが限られる，食欲がなくなることなどから低栄養になりやすくなります。

●認知症
口から食べる機会が減るほど，味覚や嗅覚，視覚などによる脳への刺激も行われなくなります。

●むし歯（う歯）
口のなかにいるむし歯菌が食物などに含まれている砂糖や炭水化物を材料に酸を出し，歯をとかしていく病気です。

●歯周病
口のなかにいる歯周病菌によって歯肉に炎症が起き，やがて歯槽骨（あごの骨）をとかしてしまう病気です。

●口腔乾燥症
唾液の分泌量が減り，口のなかが乾燥することです。

●味覚障害
味がしない，味がおかしい（苦味しか感じないなどの味覚異常）など。栄養素（亜鉛など）不足や病気，薬の副作用などが原因です。

●その他の病気
口腔がん，舌痛症，顎関節脱臼など。

●転倒
噛み合わせがない・悪い人，入れ歯が合っていない人は，ふんばりがきかないため転びやすくなります。

美濃良夫「高齢者介護 急変時対応マニュアル」一部改変による。

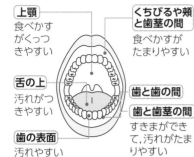

資料5 口腔内の汚れがつきやすい部位

上顎
食べかすがくっつきやすい

舌の上
汚れがつきやすい

歯の表面
汚れやすい

くちびるや頬と歯茎の間
食べかすがたまりやすい

歯と歯の間

歯と歯茎の間
すきまができて,汚れがたまりやすい

麻痺がある場合には,麻痺している側は全体的に汚れがつきやすくなる。

❶**舌苔** 舌の表面は,細かい突起状になっているため,汚れが付着しやすい部分です。舌の表面の白い汚れを舌苔といいます。舌苔が多く付着すると,口臭の原因になる他,味覚障害も引き起こすことがあります。

2. 口腔ケアの方法

①口腔内の状態

　健康な人の口腔でも,歯と歯の間や,歯と歯肉の間,奥歯などは,汚れが付着しやすい部位です 資料5 。義歯を使っている人や麻痺などの障がいがある人では,より汚れが付着しやすくなっています 資料6 ・ 資料7 。

　麻痺がある人は,麻痺側に食べかすが残りやすく,義歯の場合は,総入れ歯(全部床義歯)では上顎や下顎と接する面に,部分入れ歯(部分床義歯)の場合は,部分入れ歯と歯や歯肉が接する面に汚れが残りやすくなります。また,欠損した歯のはえていた部分の歯肉などに汚れが残りやすくなります。さらに,高齢者では唾液の分泌量の低下により,舌にも汚れ(舌苔❶)が付着していることがあります。

資料6 総入れ歯(全部床義歯)の汚れがつきやすい部位

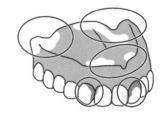

資料7 部分入れ歯(部分床義歯)の汚れがつきやすい部位

資料8 虫歯になりにくい食べ物とおやつ

虫歯になりにくい ▶　　　　　　　　　　　　　　　　　　　　　　　◀ 虫歯になりやすい

野菜・果物

ふかしいも

プリン

アイスキャンデー

キャンデー

せんべい

スナック菓子

クッキー

②口腔ケアの基本

　口腔内のケアの基本は，歯ブラシなどで口腔内の食べかすや細菌を取り除いて清潔にすることです。歯ブラシは，鉛筆を持つようにして使用すると，適度な力で磨くことができます。代表的な歯磨きの方法は，歯に対して90°に歯ブラシを当てて5〜10mmの範囲で前後に小刻みに動かす**スクラッピング法**と，歯に対して45°に歯ブラシを当てて歯と歯肉の境目の汚れを落とすように細かく動かす**バス法**があります。また，歯ブラシを歯と平行になるように当てて，回転させながらブラシの腹全体で歯を磨くため，歯茎のマッサージ効果がある**ローリング法**もあります 資料10 。

　歯ブラシ 資料11 などで自分で口腔ケアを行える場合には，鏡で口腔内の汚れの部分を確認してから行うと効果的です。歯磨きのタイミングは，一般的にいわれる食後が最適です。そして，毎食後の歯磨きのなかでも，就寝前の歯磨きが最も重要とされています。洗口液を使うのも効果的ですが，歯ブラシで磨いた後に使用することで，その効果を発揮します。

資料9 ブラッシングの順序

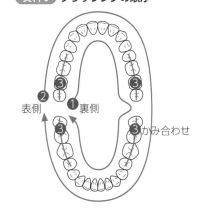

表側　❶裏側
❷
❸　　　　❸
❸　　　　❸かみ合わせ

TRY

自分の口腔状態をよく観察し，
資料9 ・ 資料10 を参考に歯を磨いてみよう。

資料10 **歯の磨き方**

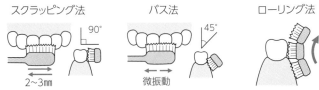

スクラッピング法　　　バス法　　　ローリング法
90°　　　　　　45°
2〜3mm　　　微振動

歯ブラシの毛先を歯に対して90度になるように当て，2〜3mm左右に動かす。／歯ブラシの毛先を歯に対して45度にし，軽く圧力を加えて微振動を与える。／歯ブラシの脇腹で歯肉が白くなるくらい圧迫してから，汚れをかき出す。

資料11 **口腔ケアに用いるさまざまなケア用品**

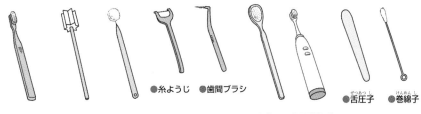

●糸ようじ　●歯間ブラシ

●舌圧子　●巻綿子

●歯ブラシ　●スポンジブラシ　●口腔清掃用ブラシ　●舌ブラシ　●電動歯ブラシ

工夫された歯ブラシ

・使いやすい角度に曲げたもの

・把柄部をにぎりやすいよう
　太くしたもの

・奥歯にも届きやすいよう把
　柄部を長くしたもの

資料 13 **吸い飲み**

高齢者が自分で口腔ケアを行えず，一部介助によって口腔ケアを行う場合でも，できる限り自力で行えるように，にぎりやすい柄が太いものや曲がったものなど，その高齢者に合った工夫された歯ブラシを選ぶようにします 資料 12 。しかし，磨き残しがないように，高齢者ができない部分については介助で行うようにします。

すべてに介助が必要な場合には，誤嚥に気をつけながら口腔ケアを行います。ベッド上で座位で行うか，座位がとれない場合には側臥位にて誤嚥に注意しながら吸い飲み 資料 13 とガーグルベースン 資料 14 を使って口腔ケアを行います。

介助にて口腔ケアを実施する場合には，口腔内の状態をよく観察（発赤や腫れなどの炎症や歯の欠損・変形の有無，舌の動きなどを確認）します。炎症などがある場合には，歯ブラシではなくスポンジやガーゼなどで清拭を行うか，うがいを行って口腔の清潔を保つようにします。スポンジ，ガーゼやブラシなどでの清拭やうがいは，舌苔や口腔粘膜の汚れを除去するのに効果的です 資料 15 ・ 資料 16 。

資料 14 **ガーグルベースンを使ってのうがい**

ガーグルベースン

資料 15 **舌磨きの方法**

①舌の中央部分に　②手前にかき出すよう
　舌ブラシを置く。　　に5回ほど動かす。

資料 16 **スポンジブラシによる口腔ケア**

①スポンジブラシを
　水で湿らせる。

②スポンジブラシを固く
　しぼり，水分を切る。

③スポンジブラシを回転させ，
　口腔内の汚れを巻き取る。
　スポンジブラシの溝に対して
　垂直になるようにふきとる。
　スポンジブラシが喉の奥に触
　れると，嘔吐反射を起こすこと
　がある。

◉口腔ケアの介助のポイント

①高齢者の体位を整えます（ベッドの頭側を30°上げ、倒れないように固定します）。
②服が汚れないように首元にタオルを巻きます。
③介護者は手袋・マスク・エプロンを装着します。

④介護者は歯肉を傷つけないように気をつけながら濡らした歯ブラシで歯を磨きます。この時の歯ブラシの持ち方は鉛筆を持つようにしましょう。

●**前歯**：きき手で歯ブラシを持ちます。反対側の手で口を開きます。

●**奥歯**：鉛筆を持つように歯ブラシを持ちます。奥歯に垂直に当てます。

⑤磨き残しがないように順番どおりに磨きます。
⑥必要に応じてデンタルフロスや歯間ブラシを使用します。

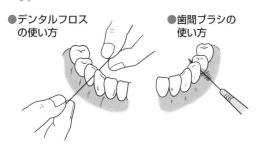

●デンタルフロスの使い方　　●歯間ブラシの使い方

⑦磨きながら歯肉からの出血や腫れの有無など、口腔内の観察を行います。
⑧磨いた後はぬるま湯とガーグルベースンを使って口をゆすいでもらいます。

1. 誤嚥と窒息の予防から対処

① 高齢者と誤嚥・窒息の関係

高齢者になると嚥下機能が低下し誤嚥を起こしやすくなります。また，加齢に伴い，咳嗽[1]反射の低下や脳動脈硬化などの基礎疾患によって防衛機能が低下して誤嚥を起こし，窒息が引き起こされます。

窒息は高齢者にとって身近な事故であり，年齢が高くなるほど窒息による死亡率は増加しています。2019年の厚生労働省『人口動態統計』によると，75歳以上の不慮の死亡原因は，転倒・転落・墜落の28.5％に次いで窒息が22.6％となっています 資料1 。

② 窒息の予防と観察ポイント

窒息の予防では，日ごろから食事時のむせの有無や喘鳴[2]に注意したり，口腔内の観察（発赤や腫れなどの炎症の有無，歯の欠損の有無，舌の動きなど）を行うことが大切です。

チョークサイン 資料2 は窒息時のサインであり，すみやかに対処する必要があります。高齢者はチョークサインをせずに，身動きしないで黙って座っていることも多いので，十分な観察が必要です。

高齢者が食事をする際には，家族や介護者は細心の注意を払い，温かく見守り，事故防止に努めることが大切です。

ねらい

- 誤嚥と窒息の関係について理解しよう。
- 日常の観察の重要性と窒息事故を防止する方法を理解しよう。

[1]咳嗽 咳をすること。咳は気道に入った物を排出するためのからだの防御反応です。

資料1 高齢者の餅などによる窒息事故，年齢層別救急搬送人員

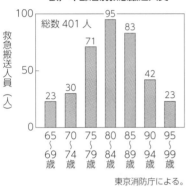

総数 401 人

東京消防庁による。

[2]喘鳴 肺炎やぜんそくの時などにゼーゼーという音がする呼吸のことです。

資料2 チョークサイン

窒息を起こし，呼吸ができなくなったことを他人に知らせる世界共通のサインです。

窒息予防のポイント

① 口腔内を清潔に保つ
② 食事時の姿勢を整える
③ 食事の際の環境を整える（食べることに集中できるようにテレビを消し，せかしたりしないなど）
④ 食事の調理法を工夫する
⑤ 食事をするための機能を維持する訓練を行う
などに配慮する。

OFF

③誤嚥・窒息時の対処法

窒息の兆候が見られた場合は，窒息の原因物質を取り除きます。取り除き方には**指拭法** 資料3 や**ハイムリック法❸** 資料4 ・ 資料5 ，**背部叩打法❹** 資料6 ・ 資料7 などがあります。

窒息が見られた時，すぐに救急車を要請すると共に，指拭法などの応急処置を行います。また，救急隊員または医師に窒息の状況や行った応急処置などを必ず伝えます。

資料4 ハイムリック法の圧迫部位と手順

①片方の手のにぎりこぶしの親指側を，対象者のみぞおち（肋骨の下，胸の真ん中のくぼんだ部分）の下方に当てます。

②もう一方の手でにぎりこぶしを上からにぎり，手前上方に向かって圧迫するようにして，すばやく突き上げます。

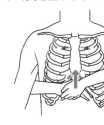

資料5 立位・座位でのハイムリック法

●立たせて圧迫する　　●座らせて圧迫する

資料6 手のひらの叩打部位

手のひらの手首に近い部分（手の付け根）でたたきます。

✕ 悪い例

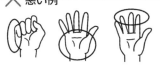

資料3 指拭法

①口腔内に異物が見えている場合に行います。

②対象者の顔を横向きにして，一方の手で口を開けます。

③ガーゼなどの布を巻いた他方の手の人さし指をのどの奥に入れ，引っかけた指2本ではさんで取り出します。

④異物が奥に入りそうな場合には行いません。

❸**ハイムリック法**　対象者の背後から手を回し， 資料4 で示した部位を圧迫します。立たせて圧迫する方法と座らせて圧迫する方法 資料5 があります。

❹**背部叩打法**　誤嚥した物が口から出てきていないかを確認しながら，手のひらの手首に近い部分 資料6 ・ 資料7 で，両側の肩甲骨の間を力強くすばやく連続してたたきます。気道に詰まった物を出しやすいように，頭を低くして，あごを上げて気道をまっすぐにして行います。

資料7 立位・座位での背部叩打法

●立たせてたたく

●座らせてたたく

対象者を支えるのが難しい場合は，座らせて行います。

第6章

第5節 転倒と骨折

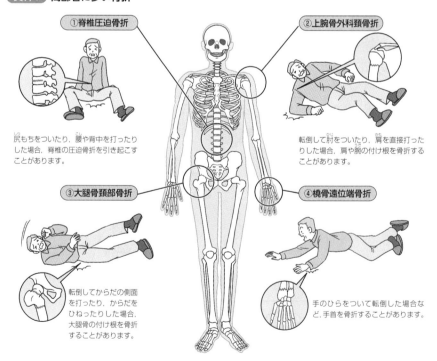

ねらい

●高齢者の特徴的な骨折について理解しよう。

●家庭内で高齢者が転倒しやすい環境について理解しよう。

●骨折時の対処のしかたについて理解しよう。

1. 高齢者と骨折

①高齢者に多い四大骨折

　高齢者は視力の低下や平衡感覚の低下，足の筋力の低下によって転倒しやすくなります。さらに，加齢と共に骨がもろくなり骨粗しょう症になっている場合もあるため，転倒の際のちょっとした外圧で骨折します。骨折の原因は転倒によるものが大半を占めています。また，骨折をしてもさほど痛みを感じず，骨折していることが見過ごされてしまうこともあります。

　高齢者の特徴的な骨折として，①脊椎圧迫骨折，②上腕骨外科頚骨折，③大腿骨頚部骨折，④橈骨遠位端骨折があります 資料1 。特に大腿骨頚部骨折は入院治療を必要とし，その後も歩行に支障をきたすこともあり，寝たきりの原因になることもあります。

資料1 高齢者に多い骨折

①脊椎圧迫骨折

尻もちをついたり，腰や背中を打ったりした場合，脊椎の圧迫骨折を引き起こすことがあります。

②上腕骨外科頚骨折

転倒して肘をついたり，肩を直接打ったりした場合，肩や腕の付け根を骨折することがあります。

③大腿骨頚部骨折

転倒してからだの側面を打ったり，からだをひねったりした場合，大腿骨の付け根を骨折することがあります。

④橈骨遠位端骨折

手のひらをついて転倒した場合など，手首を骨折することがあります。

美濃良夫著『高齢者介護　急変時対応マニュアル』一部改変による。

②転倒しやすい環境

　家庭内で高齢者の転倒が起こる場所は室内が多く <u>資料2</u>，最も多いのが，1日のなかで長い時間を過ごす居間や寝室での転倒です。2番目に多いのが段差のある玄関や勝手口，3番目は廊下や縁側です。

　転倒する原因としては，家のなかの1cm程度の段差や座布団・カーペットの端，電気製品のコードなどにつまずいたり，はいているズボンのすそを踏んだり，スリッパや靴下がすべりやすかったりなど，さまざまです <u>資料3</u>。

転倒予防のポイント

①家のなかの段差に注意する。
②部屋のなかの整理整頓を心がけ，電気製品のコード類は部屋の隅に固定する。
③自分の衣類に気をつける（ズボンのすそは，くるぶしの長さにする，すべり止めのついた靴下を使用するなど）。
④水を使う場所，特に浴室では足元に注意し，すべり止めのマットなどを使用する。

TRY

　家庭内での転倒しやすい場所を見つけ，改善策を考えてみよう。

資料2 家庭内で高齢者の「ころぶ」事故の発生場所
※令和元年中

	1位	2位	3位	4位	5位
事故発生場所	居室・寝室	玄関・勝手口	廊下・縁側・通路	トイレ・洗面所	台所・調理場・ダイニング・食堂

東京消防庁「救急搬送データからみる高齢者の事故～日常生活での高齢者の事故を防ぐために～」による。

資料3 高齢者の家庭内での転倒例

●1cm程度の段差につまずく

●ズボンのすそを踏む

●階段から落ちる

●布団や座布団につまずく

●床や敷き物ですべる

●ベッドから落ちる

●コードにつまずく

●風呂場ですべる

●踏み台から落ちる

2. 骨折への対処

①骨折時の観察ポイント

骨折は，骨折による皮膚の損傷の有無によって**閉鎖骨折（単純骨折）❶**と**開放骨折（複雑骨折）❷**に分類されるのが一般的です。

❶閉鎖骨折（単純骨折）
骨折が皮膚の内部にとどまっているものをいいます。

❷開放骨折（複雑骨折）
骨折と同時に，骨が損傷した皮膚から外に出た状態の骨折です。皮膚損傷部からの出血を圧迫止血などで止血する必要があります。

骨折したかどうかの観察ポイント

①受傷部位の外傷の有無
②受傷部位の腫れの有無
③受傷部位の変形の有無
④痛みの有無
⑤動かすことができるか

まず，①の受傷部位が皮膚や筋肉などの表面だけの受傷かどうかを観察する。開放骨折の場合には骨が外傷部から突出しているため一見してわかる。

骨の突出が見られない場合には，②③の観察で，腫れていたり，変形していれば骨折している可能性が高い。

また，④⑤の観察で，激しい痛みがあって動かない，または動かせない，人が動かした時に激痛を訴える場合には骨折している可能性が高い。

Column

「ひび」とは？

ひびは骨折の一つです。完全に折れていないだけで，骨そのものには変化があるので「不全骨折」ともいわれます。

Column

粉砕骨折，脊椎圧迫骨折と骨粗しょう症

粉砕骨折は骨が粉々に砕ける骨折です。また，脊椎圧迫骨折は加齢によって筋肉が弱くなりからだの重みを支えきれずに，尻もちをつくなどの衝撃で背骨が骨折したものです。いずれも骨粗しょう症など骨が弱くなった人に起こりやすいです。

健康な骨　　粗くなった骨

注．実際のレントゲン写真を元に作成したイメージ図

②骨折時の固定のしかた

　受傷部位を安静にするように気をつけ，特に傷や出血がある場合は動かさないようにしながらその手当てをします。その後，受傷部位を固定します。脊椎圧迫骨折や大腿骨頚部骨折の場合は仰臥位❸をとって固定し 資料4 ，骨折部位に少しでも負担がかからないようにします。また，脊椎圧迫骨折や大腿骨頚部骨折の場合は，車いすでの移動は避けます。

　橈骨遠位端骨折の場合は，骨折部位に副子❹を添えて固定します 資料5 。橈骨遠位端骨折や上腕骨外科頚骨折の場合は三角巾を使って固定する 資料6 ことも有効です。

　固定後は受傷部位を安静に保ち，ただちに受診し，医師の治療を受けます。医師には，どのような状況で受傷したのか，受傷部位，痛みの程度や腫れの有無などを伝えます。

❸仰臥位　背を下にした仰向けの姿勢のことです。

❹副子　骨折部にあてがって支えるもの 資料5 をいいます。

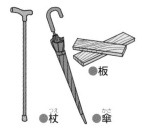

●板

●杖　　　●傘

●ダンボール　　●雑誌

▲副子の代品

資料4　**大腿骨頚部骨折の場合の安静の保ち方**

救急車が到着するまでの間は，仰向けに寝かせて安静を保ちます。
股関節の周囲の筋肉の緊張をゆるめた状態にするため，膝を曲げて，膝の下にクッションや毛布などをあてがいます。

資料5　**橈骨遠位端骨折の場合の固定のしかた**

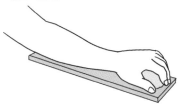
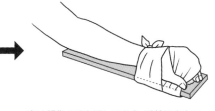

テニスボールのような丸い物を軽くにぎった状態にして，副子を骨折部位に添えます。

布は親指の下を通してから，手首の方向に向かって巻きつけてから結びます。

資料6　**三角巾の使い方（背中で結ぶ方法）**

①90°の端を骨折側の腕の下にはさみます。

②下側の一端を骨折側の脇の下から通します。

③両端を背中で結びます。

④肘の部分の三角巾の残りを結んで内側に折り曲げるか，安全ピンでとめます。

第6節 低温やけど（低温熱傷）

ねらい

- 低温やけどの原因と予防方法を理解しよう。
- 低温やけどの症状と対処の方法を理解しよう。

資料1　やけどの対処法

①患部をできるだけ早く流水で冷やします。

②水ぶくれができている場合には，つぶさないように気をつけます。
③やけどした部位を衣類などでこすらないようにします。
④みそやアロエをぬるといった民間療法は決してしてはいけません。

1. 低温やけどとは

高齢者は皮膚感覚が鈍くなって熱さを感じにくいため，高い頻度でやけどが起こります 資料1 。日常生活ではカイロや湯たんぽなどでやけどが起こります。カイロや湯たんぽなどの低めの温度のものと，長時間接触することによって接触部分をやけどすることを，**低温やけど**といいます。低温やけどは冬場に多く，足や腰などの下半身によく見られます。

2. 低温やけどの注意点

高齢者の場合は抵抗力が落ちており，小さなやけどでも重症化しがちです。低温やけどは表面は小さく軽症に見えても，皮膚の深部まで損傷していることがあり，治癒に時間がかかるのが特徴です。医師の診察を受けることが大切です。

低温やけどの注意ポイント

①カイロを使う時には下着の上から貼り，肌に直接貼らないようにする。
②湯たんぽも，必ずタオルなどの布で包んで使用する。
③トイレの保温便座や電車などの乗り物の座席下の温風にも注意が必要。特に，便座は直接皮膚にふれるので，設定温度に十分気をつける必要がある。
④こたつや電気カーペット，電気毛布，ファンヒーターなども，設定温度を低めにする。
⑤こたつに入ったままや電気カーペットの上で寝ないようにする。
⑥ファンヒーターの温風の吹き出し口に近づきすぎないように注意する。
⑦電気毛布は，カーペット代わりに下に敷かないようにする。

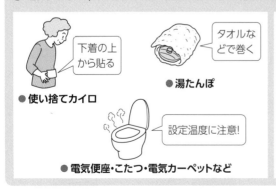

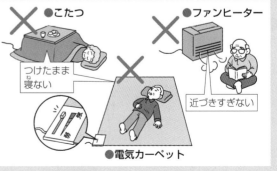

第 7 節 脱水

1. 脱水の予防と対処

　高齢者は体内に占める水分量が約50％程度と一般成人と比べて少なめです。また，腎臓機能の低下によって，水分の
5 再吸収力が低くなっています。のどの渇きも感じにくく，水分補給がうまくいかないことがあります。これらに加えて，頻尿❶や失禁❷を気にして水分摂取を控えることもあります。これらの理由から高齢者は脱水になりがちです。高齢者の脱水を予防するには，家族や介護者の観察が重要です。

10
> **脱水したかどうかの観察ポイント**
>
> ①いつもより反応がにぶく，元気がないかどうか。
> ②脇の下が，乾いてさらさらしているかどうか。
> ③ハンカチ徴候❸で脱水の程度を見る。
> 　軽度の脱水：ふくらはぎがつったり，筋肉痛，立ちくら
15 　みがあるかどうか。
> 　中度の脱水：皮膚や唇の乾燥や目の落ちくぼみがある
> 　かどうか。
> 　重度の脱水：血圧の低下，ひきつけがあるかどうか。

> **脱水の予防と対処法**
>
20 > ①水分とナトリウムの両方をとる。
> ②水分摂取の基本は，食事と水分補給。食後のデザートと
> 　してヨーグルトやゼリーなどで水分をとるようにする。
> 　また，毎食時のお茶の他にも午前・午後のお茶の時間，
> 　入浴後，就寝前および起床時に水分補給を行うようにす
25 > 　る 資料 1 。
> ③軽度および中度の症状が見られる場合は，スポーツドリ
> 　ンクや経口補水液などを飲ませる。飲み物の温度は常温
> 　のものを，何回かに分けて飲ませる。
> ④改善が見られない場合には，できるだけ早く受診し，め
30 > 　まいやひきつけ，意識障害がある場合にはすぐに救急受
> 　診することが重要。

● ・ ❷頻尿・失禁　頻尿は尿の回数が通常より多く，1日7〜8回以上のことをいいます。失禁は便や尿を自分の意思にかかわらずもらしてしまうこと。尿の失禁を尿失禁といいます。

❸ハンカチ徴候　手の甲や二の腕または太ももの皮膚をつまんで放し，戻り具合（弾力性）を見ます。脱水があると，皮膚に大きなひだができて，ゆっくりと戻ります。

資料 1 水分補給のタイミングの一例

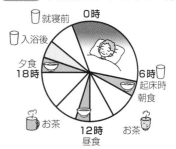

食事だけでは1日の水分量として十分でないため，1日8回は水分補給をしましょう。

第6章

第 8 節 熱中症

ねらい

● 熱中症の症状と予防法を理解しよう。

● 熱中症の対処法を理解しよう。

1. 熱中症の原因

　熱中症は高温多湿の環境で，体温調節がうまくいかないことによって起こります。そのため，熱中症は屋外だけでなく屋内でも発症し，また，夏だけでなく冬の暖房がきいた部屋 5
での厚着や運動の後，入浴中にも起こります。特に高齢者は体内の水分量が少なく，脱水症から熱中症を引き起こしやすくなっています。

2. 熱中症の予防と対処

　熱中症の予防としては，炎天下の外出は避ける，外出時に 10
は日傘や帽子を使用する，閉めきった屋内（特に窓ぎわ）で過ごすのを避ける，こまめに水分をとり，エアコンなどで室内の温度を調整するなどがあります。

資料 1　熱中症の症状

高齢者では初期症状が乏しく，見過ごされて重症化することがあるので注意が必要です。

| 軽度：めまいやふらつきなど | 中度：皮膚のかさつき，疲労感，頭重感，吐き気など | 重度：血圧低下，膝ががくがくして歩けない，意識障害など |

熱中症の対処法

①風通しのよい涼しい場所に寝かせ，衣服をゆるめる。うちわ
などであおぐのも効果的。 15

②意識があって，水分を飲めるようであればスポーツドリンク
や経口補水液などで水分を補給する。

③重症で意識障害がある場合には，すぐに救急受診する。救急車が到着するまで霧吹
きなどを使って常温の水，もしくはぬるま湯をかけたり，濡れタオルを当てたりし 20
てからだを冷やす。冷たい水は避け，首や両脇の下，そして足の付け根の動脈をアイスパックなどで冷やすこともあわせて行うとよい。

第9節 高血圧と低血圧

1. 血圧の変化

　高血圧症は代表的な生活習慣病で，高齢者の割合が高いのが特徴です。それは加齢に伴い血管がかたくなり，その結果
5　として高齢になると血圧が高くなるためです。血圧の基準値は最高血圧140mmHg未満／最低血圧90mmHg未満です。

　一方で加齢に伴い，自律神経機能の低下によって低血圧となることもあります。高齢者の代表的な低血圧として**起立性低血圧❶**があります。起立性低血圧によるめまいや立ちくら
10　みは，転倒の原因となるため注意を要します。

2. 血圧の注意点

　日常生活での血圧の注意点として，まず，ふだんの血圧の値がどの程度なのかを知っておくことが大切です。
　　　　　　　　　　　　　　　　　　　　　　　▶p.135
　また，冬場の**ヒートショック❷**にも気をつけます。降圧剤
15　を服用している場合には，自己判断で服用するのをやめたり，量を変えたりしないようにします。副作用があれば，医師に相談するようにします。

　高血圧の場合は食事と生活習慣に気をつけます。

食事と生活習慣の注意点

20　①1日の塩分摂取量は男性は7.5g未満，女性は6.5g未満，
　　すでに高血圧の場合には悪化予防のために6g未満とする。
　②標準体重を維持する。
　③食事は脂質・糖質を控えカロリー制限を行う。
　④緑黄色野菜と海藻を十分にとる。
25　⑤規則正しい生活と運動を心がける。
　⑥便秘にならないように注意する。

ねらい

●日常生活での血圧の注意点を理解しよう。

●高血圧の場合の食事と生活習慣について理解しよう。

❶**起立性低血圧**　低血圧とは最高血圧が100mmHg未満となることです（最低血圧の値は関係ありません）。寝ている時には低血圧ではなく，急に座ったり立ったりした時に最高血圧が20mmHg以上低下するものを起立性低血圧といいます。

❷**ヒートショック**　体温と外気温の急激な温度差がからだに与える影響のこと。冬場に起こることが多く，夜間のトイレや入浴時の脱衣所や風呂場での温度差が原因となることがあります。

血圧

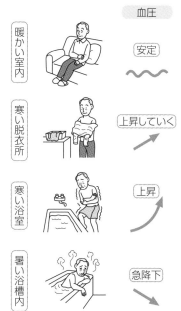

ヒートショック

第10節 糖尿病

ねらい

- 糖尿病のタイプについて理解しよう。
- 糖尿病の治療と注意点について理解しよう。

1. 糖尿病の基本

　糖尿病も高血圧症に並ぶ代表的な生活習慣病です。糖尿病が疑われる人は2019年の「国民健康・栄養調査」では，男性19.8％，女性10.8％で，この10年間で見ると，男女とも大きな増減は見られませんでした。年齢階級別では，高齢者にその割合が高く見られました 資料1 。

　糖尿病は**インスリン❶**の不足によって血糖値が異常に上昇し，全身の臓器に障がいを引き起こす病気です。

　糖尿病のタイプには，インスリンが分泌されない**1型糖尿病（インスリン依存型）**と肥満や運動不足などを原因とする**2型糖尿病（インスリン非依存型）** 資料2 があります。高齢者では2型糖尿病が多くを占めます。

資料1 **糖尿病が強く疑われる者の割合**

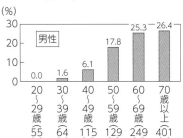

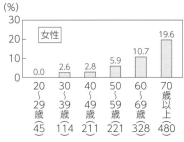

注.（　）内は人数。
厚生労働省「2019（令和元）年国民健康・栄養調査」による。

❶インスリン 膵臓から分泌されているホルモンで，血糖値をコントロールします。

資料2 **1型糖尿病と2型糖尿病の比較**

1型	タイプ	2型
子どもや若い人に多い	発症年齢	中高年に多い
急激な場合が多い 症状の悪化も急激	発症のしかた	ゆるやかに発症し，進行もゆっくり
やせ型が多い	体型	肥満型が多い
インスリン注射	治療方法	食事療法，運動療法，場合によっては薬物療法
膵臓のβ細胞が破壊されたため	原因	遺伝的要因に肥満，過食，運動不足などの要因が加わったため

資料3 **糖尿病の症状**

糖尿病はほとんどが無症状ですが，血糖値がかなり高いと自覚症状が現れることもある。

空腹感が強い

口渇・多飲

多尿・頻尿

急にやせる

疲れやすい

ものが見にくい

足がしびれる

2. 糖尿病の治療と注意点

①1型糖尿病のインスリンの自己注射

インスリンの自己注射は食事の30分前に行います。注射の部位は二の腕や腹部，太もも（大腿）などですが，同一部位に行うのは避け，毎回変えるようにします 資料4 。注射後は温めたりもんだりしないようにします。注射部位の発赤や腫れ，皮膚がかたくなっていないかどうか，また，注射後の体調の変化などを観察することが重要です。特に低血糖症状には注意が必要です。低血糖時には動悸や冷や汗，倦怠感などが現れ，重症になると昏睡などの意識障害を起こします 資料5 。意識がある場合には救急車を要請すると共に，あめや角砂糖などをなめさせます。インスリンの投与は避けます。

②2型糖尿病の食事療法と運動療法，内服薬

食事療法はバランスのよい食事を3食とるようにして，エネルギーのとりすぎに注意します。総摂取エネルギーのめやすは**標準体重❷**と**生活活動強度❸**により変動する**身体活動量**から算出されます。高齢者はご飯などの糖質が多くなりがちなので，野菜や海藻，大豆製品などを多くとるように心がけます。食事療法と運動療法を行っても血糖値のコントロールが不良の場合には内服薬を用います。

また，糖尿病が怖いのはさまざまな合併症を引き起こすためです。三大合併症といわれる**末梢神経障害**と**腎症**，**網膜症**は，下肢の切断や人工透析，失明などにつながり，QOLの低下を招くため，十分注意する必要があります。

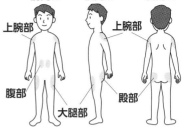

資料4 インスリンの自己注射の部位

前向き　横向き　後向き

上腕部　　　　　上腕部

腹部　　　　　殿部

大腿部

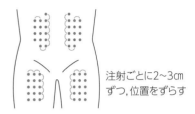

注射ごとに2〜3cmずつ，位置をずらす

❷**標準体重**　BMI（Body Mass Index）を指標とします。BMIの基準値は22です。標準体重は「身長（m）×身長（m）×22」で求められます。

❸**生活活動強度**　生活活動強度から見た標準体重1kgあたりの必要エネルギーは次のとおりです。

	生活活動強度の分類	身体活動量
軽労作	主にデスクワーク中心の人	25〜30kcal
普通の労作	立ち仕事が多い人	30〜35kcal
重い労作	力仕事の多い人	35kcal

一日の総摂取エネルギーのめやすは「身体活動量×標準体重（Kg）」で求められます。

資料5 **低血糖とその症状**

●健康　　　●空腹感　　　●無気力　　　●動悸　　　●昏睡
　　　　　　●あくび　　　●倦怠感　　　●冷や汗　　●けいれん

90　　　　70　　　　50　　　　30　　　　10　血糖値（mg/dL）

第7章 生活支援

第1節 生活支援の考え方

ねらい

●生活支援の考え方を理解しよう。
●高齢者の生活支援について考え，実践
してみよう。

❶秋元美世他編「現代社会福祉辞典」に
よる。

❷家事　主に家庭内の家族単位で行われ
てきた行為（炊事，洗濯，掃除，育児，
衣類の縫い，住宅の補修，病人などの世
話など）をいいます。

TRY

身近な高齢者に生活での困りごと
をインタビューしてみよう。

1. 生活とは

　生活とは，「人間が生きていくうえで行う諸活動の総体で
あるが，広義には，生物としての生命の維持，文化的な日常
生活，その連鎖としての一生・生涯という三層構造を含んで，
『生』の再生産の過程」❶を表します。

　生活の場としての家庭には，やすらぎの場，生活習慣を獲
得する場，安全な場，役割・関係，所得，ニーズの充足，生
活歴の形成などの機能があります。また，生活を営み，維持
していくためには，「日常生活を維持・継続していくための
総称」としての家事❷が不可欠です。家事に支障をきたすと，
生活基盤が崩れる要因となります。そのため，その人らしい
生活の維持・継続のための生活支援が必要になります。

2. 生活支援とは

　介護における生活支援とは，何らかの生きづらさがあって
も，自らの生活をコントロールして主体的に生きていくこと
への支援です。生活基盤には，衣生活，食生活，住生活など
に分けられますが，それらは分離したものではなく，生命の
維持を根底に置きながら常に連動し，生活の維持・継続・再
生産を繰り返しています。介護者は，利用者がどこの機能の
どの部分で生きづらさを感じているのかをつかみ，その一部
を補うための生活支援を通して，自立的に生きることを支援
します。

3. 衣食住を中心とした生活支援の三つの機能

　私たちが日常生活を営んでいくためには，衣生活，食生活，住生活を中心に，生活支援の三つの機能が考えられます。

①生命体としての生命を維持するための機能

5　アブラハム・マズロー❸の欲求5段階説にあるように，人間の欲求の第一段階は，「生理的欲求」（息をする，食べる，飲む，眠る，排泄する，休息するなど）です。つまり栄養をからだに入れ，エネルギーを貯え，生命の再生産のために睡眠をとるなど，生命を維持するための基盤となる機能です。

衣	からだの保護，体温の保持，衣類の衛生，衣類の素材の選択（安全性・快適性）など
食	栄養のバランス，食材の工夫，食べやすい形状，食器の工夫，食品の安全性への配慮など
住	換気・温度・湿度などの調整，採光，居室の衛生・掃除，快眠などへの配慮など

10　②家庭や住居のなかで生活を遂行していくための機能

　家庭や住居のなかで，安全で安心できる営みのための食材管理や保管，環境状況の整備などは，生命を維持し，自らが組み立て，健康的な生活を保つうえで重要です。日常生活の維持は，複合的な生活行為のつながりによって遂行されてい15ます。

衣	衣類の管理・保管洗濯についての知識，日常の営みとしての着替えなど
食	食材の管理（保存・保管），食材（品）の選択，調理方法の技術，調理用具についての知識，病気・障がい状態への理解など
住	住まいの衛生・掃除などの手入れ方法，防火・電気・ガスなどの知識，生活行動に適した環境づくりなど

③精神的にも充実した生活を営むための機能

　生命の維持や身体的な健康だけではなく，地域社会の一員として社会とのつながりを保ち，精神的にも充実した生活を営むための機能です。近所づきあいも含み，地域の実情に合っ20たその人らしい暮らしが求められます。

衣	流行，外出着，TPOに合わせた衣装など
食	経済や地域の文化に見合った買い物，季節（旬）に合わせた食材選びなど
住	住まいの文化，地域との関係が結べるような住環境，ごみ出しなど近隣・地域のルールとの調和など

❸アブラハム・マズロー　Abraham Maslow　アメリカの心理学者であり，人間性心理学の最も重要な生みの親とされています。人間の欲求の階層を主張し，人間についての学問に新しい方向づけを与えました。
⑤生命維持に必要なこと。おいしい食事を食べたい。④身を守りたい。健康を維持したい。③集団に属したい。居場所を確保したい。②周りの人から高い評価を得たい。①あるべき自分の姿。

①自己実現の欲求
②承認の欲求
③社会的欲求
④安全の欲求
⑤生理的欲求

食事をとる

掃除をする

買い物をする

①洗濯のしかたを考えてみよう

CASE

Aさん（女性・82歳）の自宅を訪問した訪問介護員（ホームヘルパー）のBさんは，洗濯を頼まれました。洗濯物は

- ボタン付きのセーター１枚（毛50％，ポリエステル50％）
- 下着２枚（綿100％）
- パジャマの上着とズボン１組（綿50％，ポリエステル50％）
- 靴下２足（綿80％，ポリエステル20％）
- シーツ１枚（綿100％）

です。下着は便で汚れが目立っていました。セーターのボタンはとれかかり，ズボンのすそはほつれていました。

＊ここでは，洗濯後は乾燥機を使うのではなく，干すこととします。

考えてみよう

洗濯物をどのように分類するのがよいでしょうか。
- 洗剤の種類は？
- 下洗いは？

いろいろな視点から，注意することを考えてみましょう。

①洗濯の方法を話しあってみましょう。

②洗濯物の干し方について考えてみましょう。

やってみよう❶

衣服のほころびは洗濯前に繕います。ズボンのすそのほつれを直したり，とれかかったボタンをつけ直したりしてみましょう 資料１ 。

資料1 ボタンのつけ方

①玉結びをつくり，布の裏から針をさします。

②糸を２〜３回，ボタンの穴に通します。

③布とボタンの間に糸を巻きます。

④布の裏で玉どめをして，糸を切ります。

やってみよう❷ 洗濯物を干してみよう

洗濯が終わった後，干さずに放置しておくと，色移りしたり菌が繁殖したりすることもあるので，早く干すようにします。

資料2 洗濯物の基本的な干し方

シャツ

型崩れしないように，ハンガーで干します。

逆さに干すと型崩れを起こします。

セーター

型崩れしないように，平らに広げて干します。

専用の台がない場合は，他の用具を組み合わせて用います。

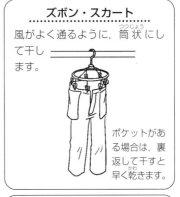

ズボン・スカート

風がよく通るように，筒状にして干します。

ポケットがある場合は，裏返して干すと早く乾きます。

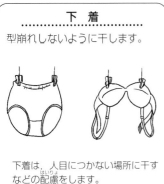

下　着

型崩れしないように干します。

下着は，人目につかない場所に干すなどの配慮をします。

ハンカチ・タオル

ハンガーや角型のハンガーを使い，風に当たる面積を大きくします。

角型のハンガーに干す場合は，長い物と短い物を交互に干すと早く乾きます。

バスタオル・シーツ

風がよく通るように，広げて干します。

物干しざおに広げて干せない場合は，角型のハンガーにじゃばらに干します。

考え方

洗濯時には，縮み，色落ち，色移りなどが起こるので，洗濯物は慎重に取り扱います。

洗濯物の干し方は家庭ごとに異なるので，利用者にそのつど確認しながら行います。

資料3 洗濯物の仕分けの方法

仕分けの方法	理　由
汚れのひどい物を分ける。	あらかじめ，つまみ洗いやもみ洗いなどの下洗いをしないと，汚れが落ちないこともあるため。
素材で分ける。	素材ごとに洗剤を使い分ける場合があるため。また，デリケートな素材（毛や絹など）は型崩れしないように，脱水の時間を短くするため。
色落ちしやすい物（特に濃い色の物）と白物を分ける。	白物への色移りを防ぐため。
生成り（無染色無漂白の布地）や淡い色の物を分ける。	色落ちしないように，蛍光増白剤の入っていない洗剤を使用するため。

②洗濯の支援を考えてみよう

CASE

Cさん（女性・75歳）は左側上下に軽い麻痺があり，車いすを利用しています。若いころからおしゃれで，洋服をたくさん持っています。そして，天気のよい日はふだん着ているお気に入りの服を自分で洗うことを望んでいます。Cさんの洗濯の支援をしてみましょう。

＊ここでは，車いすで洗濯機の置いてある場所まで移動し，洗濯物を洗濯槽に入れるところまでの支援を考えることとします。

考えてみよう

洗濯前に確認すること 資料4 について話しあってみましょう。

〈例〉 衣料の取り扱い表示 資料5 を確認する。

家庭用洗濯機の種類

①二槽式洗濯機…洗濯槽と脱水槽が分離しているので，脱水する時には，洗濯槽から脱水槽へ洗濯物を移す必要があります。

②全自動洗濯機…洗濯槽，脱水槽が一体型となっており，洗濯物を移す手間がかかりません。

③全自動洗濯乾燥機…洗浄，脱水，乾燥までのすべてを行います。ドラム式とタテ型があります。

資料4 洗濯前の点検

ポケットのなかにティッシュペーパーなどが入っていないか確認する。	ファスナーは閉める（壊れたり，他の洗濯物に引っかかったりするため）。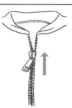	おしゃれ着，女性用の下着，ストッキングなどは，洗濯ネットに入れる。
ほころびは洗濯前に繕う。とれかけているボタンは洗濯前につけ直すか，はずして洗濯する。	汚れのひどい物は，下洗いをしてから洗濯するか，他の物と別に洗う。	犬や猫などを飼っている場合は，ペットの毛ゴミを洗濯前に取り除く。

資料5 衣料の取り扱い表示の記号の例（JIS L0001）

液温は40℃を限度とし，洗濯機で通常の洗濯処理ができる。	塩素系および酸素系漂白剤による漂白処理ができる。	底面温度150℃を限度とし，アイロン仕上げ処理ができる。	パークロロエチレンおよび石油系溶剤によるドライクリーニングができる。	低い温度でのタンブル乾燥ができる（排気温度上限60℃）。	つり干しがよい。
液温は40℃を限度とし，手洗いによる洗濯処理ができる。	漂白処理はできない。	アイロン仕上げ処理はできない。	ドライクリーニングができない。	タンブル乾燥禁止。	日陰の平干しがよい。

やってみよう

二人一組になり，役割を決めて，支援の流れ❶を確認してから
ロールプレイをしてみましょう。また，役割を交代して，介護者
と利用者（Cさん）のどちらも演じてみましょう。

考え方

実際に支援する時は，洗濯の手順に加え，車いすの操作方法や
自立支援の視点が必要です（ロールプレイをする際の参考）。

まとめ

それぞれを演じてみた感想をまとめましょう。

①Cさんを演じて，介護者の配慮がうれしかったことを書きま
しょう。

②Cさんを演じて，介護者の配慮がもう少し必要だと感じたこと
を書きましょう。

③介護者を演じて，支援が難しかったことを書きましょう。

❶支援の流れと留意点

洗濯場の環 境 整備
- 洗濯機周辺の安全確認
- 洗濯の準備

Cさんを洗濯に誘う
- 体調の確認
- 血圧・体温の測定
- 支援の内容を説明する。

居室に車いすで移動し，洗濯物を出してもらう
- 車いすの操作は適切か。
- 洗濯物の準備をCさん自身にしてもらうように声かけしたか。

洗濯の準備
- 取り扱い表示の確認
- 汚れ部分の確認
- 洗う物の仕分けと下準備
- Cさんに確認をしてコミュニケーションをとりながら行い，Cさんができることはやってもらう。やっている時は見守りをする。

洗濯槽に洗濯物と洗剤，水を入れる
- 洗濯機に対して車いすをどの位置に置くか。
- 安全な姿勢で行っているか。
- 洗剤や水の分量は適切か。

第7章

①調理の支援を考えてみよう

CASE

　一人暮らしのDさん（女性・80歳）は，ふだんはだれとも話をせず毎日を過ごしています。台所の食品などの収納スペース（冷暗所）には，Dさんが購入したさけの缶詰がたくさんあります。Dさんは昔から料理が好きでしたが，最近はつくらなくなっています。

考えてみよう

　次の①～⑥のDさんの状況に対して，調理しやすい環境とDさんが食べやすい食事づくりを考えてみましょう。

① 長時間立っていると疲れる。

② かたいものは食べづらい。

③ 食品表示が読みづらい。

④ コンロの火の強弱が確認しづらい。

⑤ においや味を感じにくい。

⑥ 缶詰が開けづらい。

【材料】（2人分）
＊さけの水煮缶詰…小1缶（90ｇ）
＊豆腐（木綿）…200ｇ
＊キャベツ…150ｇ
＊しょうが…1かけ
＊しょうゆ…大さじ2
＊みりん…大さじ2

▲さけ缶のレンジ煮の写真

やってみよう❶ さけ缶のレンジ煮〈レンジでつくる煮物風料理〉

① 豆腐を水切りし，厚さ1.5cmくらいの食べやすい大きさに切ります。

② キャベツは芯をとり，ひとくち大のざく切りにします。芯は薄切りにします。

③ 耐熱容器に①②と，せん切りにしたしょうがとさけを汁ごと入れます。しょうゆ，みりんを各大さじ2ふりかけて，ラップフィルムをかけて電子レンジで2分間加熱します。

④ 電子レンジから一度取り出し，ざっくりとかき混ぜて再びラップフィルムをかけて，2分間加熱します。

⑤ キャベツがしんなりしたらかき混ぜて，皿に盛りつけます。

やってみよう❷

Dさん役，介護者役になり，実際に考えた献立の調理をして，一緒に食事を楽しみましょう。

〈材料〉缶詰，野菜，調味料，調理器具など

〈準備〉Dさん役（手袋，ゴーグルを装着するなど不便な状況を設定する。）

介護者役（福祉用調理器具を用いる場合は，器具の使い方を事前に知っておく。）

〈方法〉Dさんの心身の状況に応じた調理環境を整えるにはどのような配慮が必要でしょうか。

① 安全に調理を行う。

② 冷蔵庫から食品を取り出す。

③ 本人の意向を確認する。

④ 食卓へ運ぶ・配膳する・かたづける。

まとめ

高齢になると，視力，咀嚼力，嚥下力，聴覚，味覚などの低下や，のどの渇きを感じにくくなるなどの心身の特徴が現れやすくなります。この状態が，食欲や健康に影響します。また，近くで利用できる店が減少することは，家事への意欲や献立に大きくかかわってきます。

少量の食事づくりは割高で単調な献立になりがちです。冷凍できる食材や缶詰・レトルト食品などの加工食品や乾物などを利用しましょう。冷凍食品は，下ごしらえが不要で便利です。

持病のため食事制限がある場合は，①量や食材，②薬と食事との組み合わせ❶にも注意が必要です。③食事摂取基準を参考に食事を考えましょう。さらに，主治医や栄養士の指導を受け食生活が改善されれば，生活の質（QOL）は向上します。

料理好きのDさんの場合，一緒に料理して食事を楽しむことは，調理の支援だけでなく，レクリエーションの効果もあります。

●缶詰オープナー

●塩味を感じやすい食器やカトラリー

特殊な器やスプーンに微弱な電流を流すことで，食品中の塩味をより強く感じられます。
塩分を控えた食事への活用が考えられています。
※未成年者は利用できない
※写真は開発中の実験器

❶組み合わせに注意が必要な食品と薬の例
・グレープフルーツと高血圧薬（血圧急降下）
・納豆と抗血栓薬（薬がきかない）
・牛乳と便秘薬（胃で溶けて腸できかない）
・アボカドと抗うつ剤（血圧上昇，頭痛）

Column

福祉用調理器具

力が入らなかったり，麻痺があったりするなどの障がい者や高齢者が調理しやすいように工夫された調理器具があります。

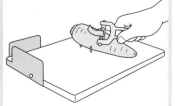

食品を固定できるまな板

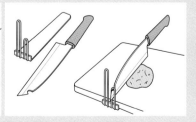

包丁を固定しやすくする器具

第7章

②買い物の支援を考えてみよう

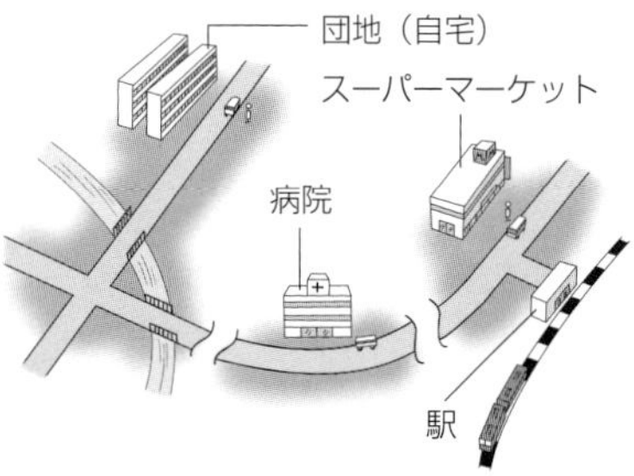

Eさん（男性・75歳）は，郊外の団地に夫婦で住んでいます。以前は，団地近くの商店街で食品や日用品を購入していました。

しかし，最近，閉店する店が増えたので，Eさんは生鮮食品や日用品を駅前のスーパーマーケットまで買いに行かなければなりません。駅までは遠いので，バスを利用しています。車の免許は持っていません。

以前は妻のFさん（74歳）が，病院の受診の際に買い物をしていましたが，歩行中，走ってきた自転車とぶつかり，転倒して足の指を骨折したため，外出を控えています。Eさんは週3回，二人分の買い物をするために駅前の店まで出かけています。

考えてみよう

① 私たちは，どのようなところで買い物をしていますか。
　　Eさんの買い物のしかたとの違いはあるでしょうか。

② Eさんの買い物環境にはどのような問題があるでしょうか。

やってみよう　**高齢者のための買い物マップをつくってみよう**

学校，もしくは駅から遠い高齢者の多い地域を中心に，半径500m以内（高齢者の徒歩圏内）にある店を調べてみましょう。

① 高齢者が日常的に必要な店をあげてみます（ドラッグストア，コンビニエンスストア，生鮮食品・電化製品・衣料品などの販売店）。

② 道のようす（坂などの有無，道の状態），アクセスポイント（バス停や最寄駅までの距離，バスの本数），宅配サービスの有無（利用のしやすさなど）を調べます。

③ ①②でわかったことを書きこみ，買い物マップを完成させます。

団地（自宅）
スーパーマーケット
病院
駅

　高齢者は，通い慣れた店を好む傾向があります。また，インターネットの利用や新しい販売形態をあまり利用しない傾向があります。

　近くの店が閉店すると，遠くの店で買い物をすることになります。大型店では，目的のものを探すのは大変です。さらに，一度に持ち帰る量が限られるので，買い物に行く回数が増えます。天候や体調が不安定な場合は，からだへの負担が大きくなります。

　一方，商品に目を向けると，高機能な新製品は高齢者には使いにくいことがあります。そのため，高齢者向けの製品が別に開発されています。使いやすい道具は，修理して長く使いたいと考えます。修理や使い方のサポートサービスが充実した店は，高齢者が安心して買い物ができます。

　近年では，ネットスーパーや食事の配達などが充実してきました。移動販売やコンビニ宅配，**サブスク❶**など，便利なサービスも増えています。買い物をしながら処方薬局での受け取りができる店もあります。支払いは，現金とキャッシュレス決済（カードやスマートフォン払い）を選択する機会が増えています。しかし，通信販売の場合，代引や振込などの現金払いにすると納品が遅くなる傾向があります。カードを持たない高齢者もいます。家族や地域の人々が，本人の意向をくみとって購入ルートを提案することで，豊かな日常生活が持続します。買い物には気分転換などの役割もあるため，選ぶ楽しみも大切にしたいものです。

移動支援の方法

＊バスやタクシーの無料券

＊オンデマンドバス（利用者の要求に対応して運行する形態のバス）

＊無料送迎サービス……利用者が少ないと維持できず，運行数が減り，廃線になる可能性があります。

＊歩道を走るシニアカーを利用する方法もあります。たくさんの移動手段があると社会参加しやすくなります。

❶**サブスク（subscriptionの略）**　定期的に料金を支払い利用するサービスやコンテンツのこと。定期購入は，「商品」を購入するのに対して，サブスクでは，「使用する権利」を購入します。

Column

食の砂漠

　閉店した店が並ぶ商店街は，シャッター街と呼ばれ，高齢化の進む地域に多く存在しています。新しくできる店は，駅の近くや大通りに面した大型店で，高齢者には，買い物が1日仕事となります。生活必需品や食料品の買い物に困る人々を「買い物難民」といいます。

　インターネットなどを利用して自宅にいながら買い物をする方法もありますが，利用できる人ばかりではありません。

　買い物の困難さから食事の栄養バランスがかたよる健康被害も起きています。これを「食の砂漠」問題（Food Deserts Issue）といいます。お弁当の配食サービスは，この課題解決に役立っています。

▲シャッター街と呼ばれる商店街

①掃除の支援を考えてみよう

> CASE

　Gさん（男性・80歳）は，脳梗塞で左片麻痺です。ふだんは杖を使って歩いています。服のボタンをかけるような細かい作業は大変なので，かぶる上着やウエストがゴムの服を着ています。一人暮らしで，料理や掃除は本人が行っています。視力が低下していて，においもあまり感じなくなってきています。Gさんは，自分のことは自分でできていると感じています。

▲Gさんの部屋（イメージ）

> 考えてみよう

① 　Gさんの家のなかはどのような状況だと考えられますか。掃除の支援という観点から考えてみましょう。

　　具体的にどこがどのように汚れているのか，それによって，Gさんの健康状態にどのような影響があると考えられるか，部屋ごとに下の表に記入してみましょう。

場所	汚れ	考えられる健康面への影響や家庭内の事故
リビング・ダイニング		
キッチン		
トイレ		
浴室		
脱衣所		
玄関		
その他（庭など外周り）		

memo

---

② 　Gさんが使いやすい掃除用具を，自立支援の観点から考えてみましょう。

　　次の掃除用具を参考にしましょう。

掃除機，ほうき，ちりとり，はたき，雑巾，スクイージー，綿棒，たわし，スポンジ，フローリングワイパー，スチールたわし，吸着剤付きモップ，粘着ローラー，ブラシ，その他

やってみよう **昔からの生活の知恵をいかした掃除方法を調べてみよう**

　高齢者は，掃除をする時，新しい専用の洗剤ではなく，今あるもので早めに汚れを落とすことを大切にしています。生活の知恵として知られている方法やその根拠を調べて，その方法で掃除や，本人が不快と感じるにおいや衛生上好ましくないにおいの除去をしてみましょう。

まとめ

　高齢者の生活で困ることとして，家の修理や掃除などがあります 資料6 。高齢者は，気づいていない汚れが原因となって，ハウスダストによるアレルギー性疾患や**疥癬❶**になる事例が報告されています。そのため，家族や地域の人々の気づきが高齢者の健康維持には欠かせません。Gさんの代わりに毎日掃除をすることは難しいので，今までのGさんの生活のようすを知って，自立のための支援について何ができるか考えてみましょう。

❶**疥癬**　ダニの一種の疥癬虫（ヒゼンダニ）によって起こる皮膚疾患で，特有の皮膚症状を示します。

資料6 **高齢者の生活のなかで困っていること**

●家のなかの修理や電球交換など
●買い物
●掃除
●散歩・外出

Column 🚩

ほこりが原因の「トラッキング火災」に注意！

　ふだん掃除をしない冷蔵庫の裏側のコンセントなどにほこりがたまると，ほこりに引火して火事になることがあります。これを「トラッキング火災」といいます。キッチンなど水分や湿気の多い場所で使用している電化製品は，特に注意が必要です。時々コンセントを外して掃除しましょう。梅雨の時期（6〜8月）に起きやすい現象です。
　古い電化製品を使用し続けることが火災につながることもあります。物を大事にする高齢者にはもったいないと感じても，納得してもらい取り替えるほうが安全です。

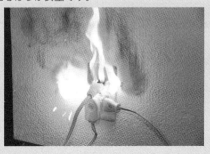

特殊詐欺による消費者被害について知ろう

●おかしいなと思ったら連絡しよう！
　188　消費者ホットライン
　#9110　警察相談専用電話
●緊急の場合は迷わず
　110　警察

CASE
　70歳のＩさんは，コンビニで支払いをしようとしています。

やってみよう
　詐欺の手口が疑わしい点を想定しながら，被害を未然に防ぐ声かけについて，ロールプレイをしてみましょう。

Column

アサーションで伝えよう！

　自分が（見て・感じたことを・良or否）で伝える方法をアサーションといいます。

　私たちは，「〜すべき」，「〜したほうがいい」と説得しようとしてしまいます。正論をぶつけてしまうと，相手は，かえって頑なになりがちです。説得ではなく相手が納得する伝え方にしましょう。自分を主語にした会話にするだけで言葉の印象が変わります。

　この方法で伝えると，相手の行動を決めつけたり，否定したり，自尊心を傷つけ，強要するということはなくなります。

　当然，緊急性のある場合は，そのようなことを言ってはいられません。しかし，予防の観点では，話しやすい雰囲気づくりが大切です。だまされているかもしれないという本人の気づきにつながります。

① どのような詐欺の手口か考えてみましょう。

② Ｉさんは店員の態度に，どんな印象を持ったか考えてみましょう。

③ ふきだしの部分を考え，Ｉさんに声をかけてみましょう。
（p.166 Column を参考に自分を主語にして伝えてみましょう。）

④ 他の人が同じような被害にあわないために，どこに，どんな情報を発信したらよいか考えてみましょう。

（まとめ）

高齢者は，三つの不安「お金」，「健康」，「孤独」 Column から消費者被害にあう傾向があります。早く不安を解消できるような提案や親切な対応に，つい心を許してしまいます。

一方，私たちは，被害から救済したいと思うあまり，傷つける言葉で行動を強要しがちです。まずは，相手の事情を聞くことから始めましょう。そして，日ごろから消費者トラブルを防ぐ環境を考え，家族や地域の見守りを手厚いものにしましょう。

機器による見守りもあります。たとえば，通話の録音機能 資料7 を利用すると，電話による詐欺の防止になります。また，薬の飲み忘れや精神的ショックのある状態では，正しい判断ができないことがあります。健康管理の見守りサービスを利用することが，詐欺被害の抑止につながることもあるのです。

法改正で契約書の電子化が可能となり，書面が不要となりました。機械操作に不慣れな高齢者は，後日，内容の確認が難しくなります。契約書の書面を一緒に確認する支援が必要になってきています。

資料7 **通話自動録音装置**

東京都新宿区などさまざまな自治体で条件を設けた上で貸し出しを行っています。

第7章

Column

「孤独」と「孤立」

「孤独」は，一人で他とつながりのない状態です。頼れる人がいないという意味で使われ，さびしい"気持ち"も含まれます。

「孤立」は，つながる手段のない状態です。複数でも社会から取り残されれば，「孤立」が起きます。

高齢世帯が消費者トラブルの被害にあっても表面化しにくいのは，「孤立」して，相談できていない可能性があるからです。

地域の見守りと，被害にあった時に泣き寝入りしないですむ後押しが支えとなります。高齢者の自尊心を傷つけない接し方を心がけ，消費者トラブルから高齢者を守りましょう。

第 2 節 レクリエーション

ねらい

- ●高齢者にとってのレクリエーションの必要性について理解しよう。
- ●高齢者に適したさまざまなレクリエーションを知ろう。

❶**レクリエーションの意義**　19世紀に青少年の犯罪や非行予防として「余暇の善き活動」という概念に始まりました。その後、「労働の慰安や娯楽活動、厚生活動」、「ギャンブルでない社会的に健全な余暇活用」を経て、「人間性の回復活動」ととらえられるようになりました。

❷**グループダイナミックス**　集団の持つ可能性や力をグループダイナミックスといいます。集団力学とも訳されます。個々人の合計だけでは表せないような、集団の成員間の可能性や相互作用力のことです。

1. レクリエーションの意義と目的

レクリエーションの意義や概念は、時代によって変化してきています。

現在では、**レクリエーションの意義**❶を、**人間性の回復・再創造を目的とすること**とするのが一般的です。つまり、レクリエーションを、いきいきと人生を充実させて楽しく生きていくための生活支援としてとらえるようになっています。

また、レクリエーションは、たとえばリハビリテーションとともに介護予防にもなっています。

生活支援上のレクリエーションの目的は、レクリエーション活動を通じて、利用者が自分のQOLを高められるように支援することです。レクリエーションには、**個別レクリエーション**と**集団レクリエーション**があります。

個別レクリエーションとは、一人ひとりのニーズや生活のあり方、利用者の持つ快さや楽しさの価値観をもとにして展開されます。したがって、他の人の活動のようすを眺めたり、ぼんやり瞑想したりすることも個別レクリエーションに含まれる場合があります。

また、個別レクリエーションは、１対１で行う個人的な活動だけをさすのではなく、集団活動を援助する場合も、個別レクリエーションをめざしながら行われます。

集団レクリエーションとは、個人の個別レクリエーションの目的を達成するために、集団の持つ力(**グループダイナミックス**❷)を利用するレクリエーションです。お互いのふれあいや交流を通して、自分を発揮し、自立にもつながっていきます。

いずれの場合も、レクリエーションが利用者にとって義務や苦痛になってはいけません。参加や不参加を含めて、個人の意思を尊重することが大切です。

2. レクリエーション活動の種目

　利用者の生活を充実させるために，楽しく快いレクリエーション活動の種目を考えてみましょう 資料1 。ゲーム，体操，歌，ダンスなど特定の種目だけでなく，どのようなものでもレクリエーション活動の種目にできます。たとえば，昼寝をする，好きな音楽を聞く，孫と折り紙を折るなど，生活そのものがレクリエーション活動になるという考え方もあります。

　個人で行うレクリエーション活動の種目でも，仲間や集団で行うことで，グループダイナミックスが生まれ，さらに楽しく快くなる場合もあります。集団でレクリエーションを行う場合は，どの種目であっても，集団活動のためではなく，あくまで個人のための種目であることを理解しておくことが大切です。

　このように，レクリエーション活動は個人にとって楽しく快い生活支援が目的なので，さまざまな活動に寛容でなければなりません。利用者が本当に楽しめる活動内容に発展させていく工夫が求められます。

資料1 一般的なレクリエーション活動の種目

種目	活動内容	種目	活動内容
美術・工作	美術（絵や写真を含む），彫刻，芸道，工作（細工，調理を含む）	スポーツゲーム	個人スポーツ（ボウリングを含む），対人スポーツ（車いすテニスを含む），チームスポーツ（ゲートボールを含む），モータースポーツ，各種ゲーム（囲碁を含む），スポーツ観戦，体力づくり（散歩を含む）
ダンス	フォークダンス，創作ダンス，社交ダンス，その他のダンス，装飾関係（化粧を含む）		
演劇	演劇，人形劇，語り，映画	自己啓発	文芸鑑賞，文芸創作，語学，各種創作，各種学習活動（史跡めぐりを含む），その他（ボランティア活動を含む）
音楽	器楽，合唱，鑑賞，その他（作詞，カラオケを含む）		
野外活動	キャンプ，収集，自然観察，育成（盆栽，菜園を含む），山野（ハイキングを含む），水辺（釣り，ヨットを含む），雪氷（障がい者スキー，カーリングを含む），空（パラグライダーを含む），旅行（ドライブを含む）	社交的活動	社交活動（ショッピングを含む），訪問活動，遠隔活動（インターネットを含む）
		諸活動	映写技術，収集，演芸，占い（干支を含む），ペット，休養（温泉を含む）
		イベント	企画運営（運動会や祭りを含む）

茅野宏明「さまざまなレクリエーション活動種目・新・セミナー介護福祉三訂版6」「レクリエーション活動援助法」一部改変による。

3. 高齢者施設のレクリエーション例

　在宅高齢者のなかには，通所介護（デイサービス）や通所リハビリテーション（デイケアサービス）を利用している人もいます。ここでは，高齢者施設で実践されているレクリエーションの例を取り上げます。

TRY

高齢者施設で実際に行われている
レクリエーションを調べてみよう。

◆うちわで風船バレー

　＊人数：8～30人くらい　　時間：約20分
　　活動のねらい：上肢や体幹の運動

　＊準備するもの
　　うちわ（人数分），風船（3～10個くらい），ロープまたはビニールテープなど

　＊ルール
　　いすに座り，一つの風船をうちわであおいで，相手チームに向けて飛ばします。風船を相手チームの床に落としたチームの勝ちです。

　＊やり方
　　①2チームに分かれて，向かい合って座ります。ロープなどで，両チームの間にしきりをつくります。
　　②参加者に1本ずつうちわを持ってもらいます。
　　③最初は，風船1個を両チームの真ん中に投げ入れ，うちわであおいで練習をします。
　　④練習が終わったら，本番を開始します。慣れてきたら，風船の数を2個，3個…と増やしていきます。より多くの風船を相手チームに入れたほうが勝ちです。

Column

介護予防のグループレクリエーション「風船バレー」

　集団に参加している人は全員が同じ機能レベルではありません。風船バレーは，立てる人も（車）いすに座る人も楽しめます。風船は，からだに当たっても痛くなくけがもしません。また，ゆっくり動くので，反応に時間がかかる人も大丈夫です。体力がない人も疲れず，達成感があり，楽しいレクリエーション種目といえます。

　風船バレーは，介護予防の目的達成の快さをもたらすことが期待できます。上肢の関節可動域やコントロールの維持，座位や体幹バランスの練習，目と手の協調運動，受けて応じるコミュニケーション，発声による心肺機能の練習などです。
　しかし，「幼稚っぽい」「恥ずかしい」と思ってしまうと不愉快になり，レクリエーション活動ではなくなってしまいます。また，参加しないで眺めているのが楽しい人もいます。それぞれに対応できる風船バレーのやり方を模索していく必要があります。

4. レクリエーションを盛り上げるには

①事前に，レクリエーションについて参加者に話をする

たとえば，朝の食事の時に，「今日の午後はレクリエーションがあるんですよ。一緒に楽しみましょうね」などと話しておきます。

②レクリエーション担当者でシミュレーションをしておく

場所の変更や参加者の数の増減など，予定外のことが起きる場合があるので，事前にシミュレーションしておくと，あわてずに安心して行うことができます。

③参加者の気持ちを少しずつ盛り上げる

参加者全員ができる簡単な体操などで一体感をつくり，気持ちが高まってきてからレクリエーションを始めます。参加者が流れについてきてくれているか，声を出してくれているかなど，表情を見たり，声を聞いたりして，状況を確認しながら進めていきます。

④参加者一人ひとりへの気配り・観察をしっかりする

参加者をよく観察し，消極的な参加者には目線を合わせたり，声かけをして気持ちを盛り上げるようにします。また，参加者のなかには，その場を仕切りたい人や話し始めると止まらない人，他の参加者の失敗を非難する人もいますので，参加者に注意を払い，いろいろな人に話しかけて，全員が盛り上がれるように配慮します。

⑤楽しいと感じている間に終了する

高齢者はその場は楽しくても，実際には疲れていることもあるので，盛り上がったら終了するようにします。また，飽きた状態で終了すると次回のレクリエーションへのモチベーションが下がってしまうので，もう少しやりたいというぐらいが次回への楽しみや期待につながります。

さらに，負けたチームには「次回はがんばりましょう」などの声かけをすることが次につながります。

第3節 高齢者福祉施設の見学

1. 高齢者福祉施設の種類

　第4章の介護保険制度で学んだように，私たちの住んでいる地域には，介護老人福祉施設や介護老人保健施設などさまざまな高齢者福祉施設があります。これらの施設は，対象者や施設の基準，職員構成などが種類によって定められています 資料1 。

2. 見学

　これまで学習したことをいかして，高齢者福祉施設を見学し，理解を深めてみましょう。見学にあたっては，疑問に思っていることや，質問したいことなどを事前に準備しておくことが大切です。また，施設見学後は，感じたことや考えたことを記録用紙やレポートなどにまとめて，振り返ることも重要です。

資料1　施設サービスの種類と内容

	介護老人福祉施設	介護老人保健施設	医療保険適用の療養型病床群
	介　護　保　険		医療保険
対象者	常時介護が必要で在宅生活が困難な要介護者	病状安定期にあり，入院治療をする必要はないが，リハビリテーションや看護・介護を必要とする要介護者	症状が安定している長期療養患者のうち， ●密度の高い医学的管理や積極的なリハビリテーションを必要とする者 ●40歳未満の者，40〜65歳未満の特定疾病以外の者
介護保険施設にかかわる指定基準	居室（1人あたり10.65㎡以上） 医務室，機能回復訓練室，食堂，浴室など 廊下幅：片廊下1.8m以上 　　　　中廊下2.7m以上	療養室（1人あたり8㎡以上） 診察室，機能訓練室，談話室，食堂，浴室など 廊下幅：片廊下1.8m以上 　　　　中廊下2.7m以上	病室（1人あたり6.4㎡以上） 機能訓練室，談話室，浴室，食堂など 廊下幅：片廊下1.8m以上 　　　　中廊下2.7m以上
※人員基準については，100人あたり	医師（非常勤可）1人， 看護職員3人， 介護職員31人， 介護支援専門員1人 その他（生活相談員など）	医師（常勤1人）， 看護職員9人，介護職員25人， 理学療法士または作業療法士1人， 介護支援専門員1人 その他（支援相談員など）	医師3人， 看護職員17人， 介護職員17人 その他（薬剤師・栄養士など）

注. 介護老人福祉施設の居室（1人あたり10.65㎡以上）は4人以下の従来型。小規模生活単位型は個室で1人あたり13.2㎡以上。

·········· 事前学習 ··········

☐見学する施設の種類

☐施設設置に関する根拠となる法令

☐施設の職員構成

☐利用するための要件や方法

·········· マナー ··········

☐時間厳守（5分前行動を心がける）

☐服装・身だしなみ

☐明るい挨拶

☐施設内のルールを守り，むだなおしゃべりをしないようにしましょう。

·········· 利用者に対して ··········

☐施設は生活の場であることへの配慮

☐プライバシーの尊重

☐見学過程で明らかになったことや気づいたことがらをメモしておいて，後で記録用紙にまとめましょう。

·········· 注意事項 ··········

●明るく，笑顔で，職員や利用者に挨拶します。

●施設訪問時に得られた利用者の情報を，他の人にもらしてはいけません（秘密保持）。

●見学中に，何か困った時や判断に迷った時は，ひとりで行動をしないで，施設の職員に相談しましょう。

●施設で何かあった場合（器物破損，利用者とのトラブルなど）は，必ず先生に報告しましょう。

·········· 事後学習 ··········

☐施設についての理解

☐施設利用者についての理解

☐介護にかかわる専門職についての理解

●レポートのまとめ方の例

事前

●施設名

●施設の種類

●職員構成

●その他（施設の特徴など）

●質問したいこと
　○
　○

事後

●訪問日　○月○日

●利用者の状況
　（男性○人，女性○人）
　（利用者定数，現在の数）

●利用者はどのようなようすだったか
　（自力歩行・一部介助・全介助，要介護度など）

●職員の仕事内容

●職員は利用者に対してどのように接していたか

●感想
　○勉強になったこと
　○思っていたことと違っていたこと
　○その他

第7章

第4節 ボランティア活動への参加

ねらい

●高齢者を地域で支えることを理解し，自分にできることは何か考えてみよう。

●ボランティア活動への参加について具体的に考えてみよう。

❶ボランティア活動　自らの意思で参加し，社会や個人に対して自分のできる範囲で無償で行う奉仕活動。利用者へ個別に行うボランティア活動や，施設に対してのボランティア活動など，形態はさまざまです。

❷インフォーマルサービス　公的なサービスではない地域住民や民間団体などのボランティアを中心としたサービス。

❸フォーマルサービス　介護保険サービスや行政サービスなど公的なサービス。柔軟性には欠けますが，サービス供給が保障されています。

1. ボランティア活動の役割

　高齢化や核家族化が進み，一人暮らし高齢者や高齢者世帯が増えています。そこで，家族の代わりにちょっとした頼みごとに対応してくれる近隣住民や友人知人を含めた地域で介護を支えるしくみが必要です。ここでは，公的サービスに当てはまらない部分を担う社会資源としての**ボランティア活動**❶について学習します。

　ボランティア活動は**インフォーマルサービス**❷といわれています。介護保険サービスのような**フォーマルサービス**❸にはない柔軟性があり，介護保険では提供できない内容を補っています。

　たとえば，入所施設や通所介護（デイサービス）では，花見や行事での外出，宿泊旅行などの際には，家族以外にも車いす介助や見守りのボランティアを募ることで，個別対応を可能にしています。また，墓まいりの同行や美容院への外出介助など，介護保険でカバーできないことも，利用者にとって重要なことがらなので，それらを支援することは生活を継続させるうえで大切です。

　特に，近隣住民の自然発生的な助け合いのネットワークが期待できない都心部などでは，ボランティア活動を促進するしかけも必要となっています。

2. 学生のボランティア活動の意味

　ボランティア活動を行うことは人間形成につながる教育であるとの理解のもと，高校や大学でもボランティア養成が積極的に行われています。ボランティア活動は，自分にできることをできる範囲で，形にとらわれないで行うことができます。また，やりたいと思えばだれにでもできる活動です。自分のできることでボランティア活動に取り組んでみましょう。

ボランティア活動の例

●寝たきりや一人暮らしの高齢者への食事サービスや見守り，訪問活動。

●郷土料理や伝統工芸をつくるイベントでの交流。

●施設でのシーツ交換やクリーニング，レクリエーションの手伝い。

・・・・・・・・・・・・・ **実習目的** ・・・・・・・・・・・・・

　高齢者の話をきくことによって自らの考えを整理してもらい，共に時間を過ごすことで生きることの意味を見いだしてもらいます。

・・・・・・・・・・・・・ **準備・手順** ・・・・・・・・・・・・・

①地域の社会福祉協議会またはボランティアセンターを利用し，活動先を探します。

※インターネットや掲示板で探し，窓口で相談します。その他，広報誌や書籍で調べる，地域の病院や高齢者施設に直接相談する，地域活動グループに参加するなどの方法もあります。

②問い合わせ先に連絡をします。

③活動の内容を確認します。

④ボランティア保険に加入します。

・・・・・・・・・・・・・ **ポイント** ・・・・・・・・・・・・・

●善意の行為が思わぬトラブルになる可能性もあるので，十分に事前の確認をします。

●個人情報の保護や守秘義務など，約束ごとを必ず守ります。

●施設での活動の場合は方針を守り，職員の指示に従います。

●明るく元気よく挨拶します。

●気になることがある場合や問題が起きた場合は，担当者に連絡します。

● **話し手と聴き手を設定し，ロールプレイをしてみましょう**

１．**相手が話しやすい雰囲気をつくろう**
　　相手との距離，座る位置，姿勢，目線，声の出し方，表情で配慮する点は何でしょうか。

２．**相手が話しやすい言葉を探そう**
　　挨拶のしかた，話し始めの言葉，話題をイメージしてみましょう。

３．**相手が話しやすい会話の進め方を考えよう**
　　聴き手のしぐさ，対応，質問，同意や共感の気持ちの表し方を実践してみましょう。

┌─────────────────────
│ 　**傾聴する時の心構え**
│
│ ●礼儀正しく，相手に敬意を払いましょう。
│ ●相手の話を否定せず，受けとめてききましょう。
│ ●相手の気持ちを理解するように努めましょう。
└─────────────────────

● **よい聴き手の条件**

受容的
思いやり
相手の幸せを願う気持ち

共感的
肯定的な見方
相手の，回復や立ち直りを信じながらきく

自己一致
聴き手が，自分の心に本当に起きていることに気づいていること

古宮昇「プロカウンセラーが教える　はじめての傾聴術」
一部改変による。

◇確認問題◇

1 体位の種類には，大きく分けて臥位（寝た状態），（ ① ）（座った状態），立位（立った状態）がある。

2 （ ② ）とは，人間の運動機能である骨・関節・筋肉などを中心としたからだの動きのメカニズムの総称である。

3 （ ③ ）とは，自らの意志と目的にもとづいて行われ，人間が獲得してきた移動の動作のことである。

4 車いすには自分で動かすことができる（ ④ ）と介護者が操作する介助式がある。

5 食べる過程は，食欲，摂食，咀嚼，嚥下，（ ⑤ ），排泄の六つに分けられる。

6 皮膚や肺から呼気内の水蒸気として蒸発する水分のことを（ ⑥ ）という。

7 （ ⑦ ）は，老廃物を体外へ出す行為であり，健康のバロメーターでもある。

8 介護の分野では「利用者が何を求めているか正しく知ること。それが生活全般のなかでどんな状況から生じているか確認すること」を（ ⑧ ）という。

9 褥瘡とは，からだの骨と突出部が長時間圧迫されることにより，血行障害が起こり，皮膚と皮下組織の一部が（ ⑨ ）した状態のことをいう。

10 災害が発生した場合には，（ ⑩ ）（高齢者，障がい者，乳幼児など）の安否確認やすみやかな避難行動が求められる。

11 （ ⑪ ）は，災害により自宅が損壊するなど家に戻れなくなった住民などの避難のため災害発生直後に開設される。

12 災害時はライフラインが止まることが想定されるため，水を使用しなくても利用できる（ ⑫ ）も用いた洗髪が有効である。

①	
②	
③	
④	
⑤	
⑥	
⑦	
⑧	
⑨	
⑩	
⑪	
⑫	

考えよう

脱健着患の原則とは何か。60文字以内で説明してみよう。

◇確認問題◇

1 体温（T）・脈拍（P）・呼吸（R）・血圧（Bp）および意識を，一般的に（ ① ）という。

2 （ ② ）とは，血管のなかを流れる血液が血管壁を垂直に押し広

①	
②	

げる圧力のことをいう。

③口腔は，食べ物の咀嚼，嚥下の機能だけでなく，（ ③ ），呼吸な
どの機能もある。

④歯の欠損により正しい咀嚼・嚥下ができなくなることによって，
（ ④ ）を起こし，肺炎を引き起こすこともある。

⑤（ ⑤ ）は窒息時のサインであり，すみやかに対処する必要がある。

⑥窒息の原因物質の取り除き方には指拭法や（ ⑥ ），背部広打法
などがある。

⑦骨折は骨折による皮膚の損傷の有無によって閉鎖骨折（単純骨折）
と（ ⑦ ）（複雑骨折）に分類される。

⑧カイロや湯たんぽなどの低めの温度のものと長時間接触すること
によって接触部分をやけどすることを，（ ⑧ ）という。

⑨脱水したかどうかの観察ポイントの一つとして（ ⑨ ）徴候で脱
水の程度を見ることがあげられる。

⑩加齢に伴い，自律神経機能の低下によって低血圧となることも
ある。高齢者の代表的な低血圧として（ ⑩ ）がある。

⑪体温と外気温の急激な温度差がからだに与える影響のことを
（ ⑪ ）という。

⑫糖尿病は（ ⑫ ）の不足によって血糖値が異常に上昇し，全身の
臓器に障がいを引き起こす病気のことである。

③ _____

④ _____

⑤ _____

⑥ _____

⑦ _____

⑧ _____

⑨ _____

⑩ _____

⑪ _____

⑫ _____

考えよう

糖尿病が引き起こす三大合併症とは何か。それらのリスクも含めて60文字以内で説明してみよう。

第 7 章　章末問題

◇確認問題◇

①生活を営み，維持していくためには，「日常生活を維持・継続し
ていくための総称」としての（ ① ）が不可欠である。（ ① ）に
支障をきたすと生活基盤が崩れる要因となる。

②（ ② ）の「欲求5段階説」にあるように，人間の欲求の第一段
階は，「生理的欲求」である。

③レクリエーションには（ ③ ）と（ ④ ）がある。

④ボランティア活動は（ ⑤ ）といわれており，介護保険サービス
のようなフォーマルサービスにはない柔軟性があり，介護保険
では提供できない内容を補っている。

① _____

② _____

③ _____

④ _____

⑤ _____

考えよう

グループダイナミックスとは何か。40文字以内で説明してみよう。

福祉の仕事〜何がある?〜

　福祉に関する仕事にはさまざまな種類があります。また,介護を必要とする高齢者や障がい者は,治療やリハビリテーションに関して複数の対応が必要になることがあるため,専門職間の連携(他職種連携)が必要になります。

　福祉に関する仕事はさまざまなものがあります。福祉に関する仕事を知り,自分の興味のあるものについて考えてみましょう。

ホームヘルパー(訪問介護員)

　介護を必要としている高齢者や障がい者に対して,主に居宅を訪問して身体介護や生活援助を行います。

・身体介護………食事・入浴・排泄・衣服の着脱・寝返りの介助など

・生活援助………調理・洗濯・掃除・買い物・薬の受取りなど

　その他,通院介助や利用者の精神面のサポートも大切な役割です。利用者が持っている力を生かし,安心してその人らしい生活を送れるように支援を行います。

ケアマネジャー(介護支援専門員)

　介護や支援を必要とする人やその家族からの相談に応じてケアプラン(介護サービス計画書)を作成し,適切なサービスを受けられるよう自治体やサービス事業者との連絡調整などを行います。また,定期的に利用者と面談をして状況把握を行います。介護サービスが必要な人と福祉・医療・保健のサービスをつなぐ調整役として重要な役割を担います。

　主な職場は,居宅介護事業所や老人ホームなどの入居介護施設,地域包括支援センターなどです。

介護福祉士

　介護を必要としている高齢者や障がい者に対して，身体介護や生活援助を行います。主にホームヘルパーや，福祉施設や医療機関の介護職員として介護業務にあたるほか，在宅介護に関する相談への対応などを行っています。介護の現場の責任者として，ほかのスタッフに指示や指導を行う立場を担うこともあります。

社会福祉士

　身体や精神に障がいをもつ人や日常生活に問題を抱えている人に対して，福祉に関する相談に応じ，助言・指導を行います。福祉サービスや医療保健分野などの関係者と連絡・調整を行い，必要な支援につなげる役割をします。

　相談者が安心して日常生活を送れるように支援するのが社会福祉士の仕事です。

　医療や福祉，介護，行政，教育現場など，さまざまな場所で活躍しています。

福祉住環境コーディネーター

　高齢者や障がい者にとって暮らしやすい環境をととのえるために，建設関係者やケアマネジャーなどと連携して提案を行います。

　たとえば，自宅の段差を解消する，手すりの設置などに関するアドバイスを行います。また，リクライニングベッドや車いすなどの福祉用具や介護用具導入に関する相談にも応じます。

理学療法士（PT）

　病気やけがなどでからだが思うように動かない人に対して，運動の指導やマッサージ，電気刺激などのリハビリテーションを行い，基本動作（座る・立つ・歩くなど）の回復や維持，悪化予防をはかります。

　身体に悩みを抱える人が自立した日常生活が送れるようにサポートを行うのが理学療法士の仕事です。

　病院や福祉施設のほか，けがをした選手をスポーツの現場で支えることもあります。

作業療法士（OT）

　病気や心身の障がいなどにより日常生活に支援を必要とする人に対して，手工芸やレクリエーションなどの作業活動を通じて，応用動作（食事・着替えなど）や社会適応能力（就学・就労など）の回復をはかります。

　からだと心のリハビリテーションを行い，その人らしい生活を送れるように自立や社会復帰のサポートをするのが作業療法士の仕事です。

　病院や福祉施設のほか，教育機関や精神科，認知症関連施設でも活躍しています。

看護師

　医師の診療・治療の補助や，医師の指示に基づく医療行為（点滴や注射など），療養上の世話を行います。患者さんに寄り添い，治療中の患者やその家族を支えることも重要な役割です。

　病院や診療所のほか，福祉施設やリハビリ施設，訪問看護など就業場所は多様です。福祉施設では，介護従事者と医師の橋渡しの役割を担うことも多くあります。

 このほかにどのような仕事があるのか，p.184も参考にして調べてみましょう。

Column

ボランティアとしてかかわる

民生委員は，地域住民の立場から生活や福祉全般に関する相談・援助を行うボランティアです。民生委員法に基づき，厚生労働大臣から委嘱され，それぞれの市町村で活動しています。また，民生委員は児童福祉法に定める児童委員も兼ねています。

核家族化が進み，地域社会のつながりが薄くなっている今日，子育てや介護の悩みを抱える人や，障がい者・高齢者などが孤立するケースがあります。民生委員は，地域における身近な相談相手として，住民と行政や専門機関をつなぐとともに，見守りや安否確認などの役割も務めています。

その地域の実情をよく知り，福祉活動やボランティア活動などに理解と熱意があるなどの要件を満たす人が対象になります。具体的には次の手順で選ばれます。

民生委員の選ばれ方

| 候補者 | 町会・自治体などで推薦、公募による募集など |

▼

| 市町村の民生委員推薦会（※1） | 民生委員・児童委員にふさわしい人を都道府県知事に推薦 |

▼

| 都道府県知事 | 地方社会福祉審議会（※2）の意見を踏まえ、厚生労働大臣に推薦 |

▼

| 厚生労働大臣 | 民生委員・児童委員の委嘱 |

▼

民生委員・児童委員

※1: 民生委員候補者を知事に推薦するため，市区町村に設置される委員会。市町村議会の議員，民生委員，社会福祉事業関係者，社会福祉関係団体の代表者，教育関係者，関係行政機関の職員，学識経験者の7分野による委員で構成。

※2: 社会福祉に関する事項について調査・審議するため，都道府県や指定都市・中核市に設置される審議会。都道府県議会の議員，社会福祉事業従事者，学識経験者などの中から都道府県知事（指定都市・中核市は市長）が任命する委員で構成。

やってみよう

○ ①「介護・福祉にかかわる資格」(p.184)も参照し，あなたが興味を持った職業をあげてみましょう。

○ ②興味を持った理由はなにか考えてみましょう。

○ ③その職業にはどうやったら就くことができるか，資格や必要な専門知識などを調べてみましょう。

Check!

□福祉に関する仕事について，それぞれの役割や仕事内容を理解できた。

□福祉に関する仕事の中で，自分の興味がある職業について考えたり調べたりすることができた。

要支援・要介護状態区分別の状態像

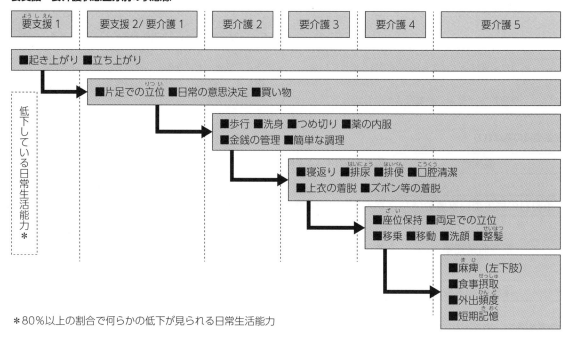

| 要支援1 | 要支援2/要介護1 | 要介護2 | 要介護3 | 要介護4 | 要介護5 |

■起き上がり ■立ち上がり

■片足での立位 ■日常の意思決定 ■買い物

■歩行 ■洗身 ■つめ切り ■薬の内服
■金銭の管理 ■簡単な調理

■寝返り ■排尿 ■排便 ■口腔清潔
■上衣の着脱 ■ズボン等の着脱

■座位保持 ■両足での立位
■移乗 ■移動 ■洗顔 ■整髪

■麻痺（左下肢）
■食事摂取
■外出頻度
■短期記憶

低下している日常生活能力＊

＊80％以上の割合で何らかの低下が見られる日常生活能力

介護度	要介護認定等基準時間＊	おおむねの状態定義
自立（非該当）	25分未満	歩行や起き上がりなどの日常生活上の基本的動作を自分で行うことが可能であり，かつ，薬の内服，電話の利用などの手段的日常生活動作を行う能力もある状態
要支援1	25分以上32分未満	日常生活上の基本動作については，ほぼ自分で行うことが可能であるが，日常生活動作の介助や現在の状態の防止により要介護状態となることの予防に資するよう手段的日常生活動作について何らかの支援を要する状態
要支援2	32分以上50分未満	
要介護1	32分以上50分未満（基準時間は要支援2と同様）	要支援状態から，手段的日常生活動作を行う能力がさらに低下し，部分的な介護が必要となる状態
要介護2	50分以上70分未満	要介護1の状態に加え，日常生活動作についても部分的な介護が必要となる状態
要介護3	70分以上90分未満	要介護2の状態と比較して，日常生活動作および手段的日常生活動作の両方の観点からも著しく低下し，ほぼ全面的な介護が必要となる状態
要介護4	90分以上110分未満	要介護3の状態に加え，さらに動作能力が低下し，介護なしには日常生活を営むことが困難となる状態
要介護5	110分以上	要介護4の状態よりさらに動作能力が低下しており，介護なしには日常生活を営むことがほぼ不可能な状態

＊基準時間とは，食事・移動・排泄・清潔保持・家事に関する介助時間，問題行動への対応・機能訓練・医療関連に関する時間である。

資料はいずれも厚生労働省による。

福祉にかかわるおもな団体

団体名	活動内容
社会福祉法人 全国社会福祉協議会	全国の福祉関係者とのネットワークを基盤に，福祉サービスの充実や福祉制度の拡充に取り組む団体。政策提言や広報活動，調査研究活動に取り組むとともに，福祉人材の育成・研修事業をはじめとする諸活動を推進している。
公益社団法人 全国老人福祉施設協議会	老人福祉及び介護事業の健全な発展と国民の福祉の増進に寄与することを目的とした団体。介護施設や介護現場で働く職員が直面する課題の解決に向け，専門的な知見を集めて高齢者福祉の総合的な支援を行っている。
公益社団法人 全国老人保健施設協会	高齢者が自立して生活できるよう，地域社会の健全な発展を図るとともに，保健医療サービス及び福祉サービスにかかわる調査研究などを行い，高齢者の保健医療の向上および福祉の増進に貢献している。
一般社団法人 日本ユニットケア推進センター	ユニットケア研修などを通じ，施設で暮らす入居者が「その人らしくごく当たり前の暮らしの営みが継続できる」ように，関係団体，施設職員と共に，ユニットケアの推進，普及につとめている。
一般社団法人 日本ケアラー連盟	家族など無償の介護者と言われる「ケアラー」の社会的支援を行う団体。ケアラーの持つ社会的問題を解決し，ケアラーが安定した生活を送り，将来への希望が持てるような社会・地域のしくみづくりをめざしている。
公益社団法人 認知症の人と家族の会	認知症の人や家族に対する相談・交流活動の他，認知症に関する研究集会やセミナーの開催，会報誌による情報発信を通じて，認知症への理解を広め，認知症と共に生きる社会の実現をめざしている。
公益社団法人 日本認知症グループホーム協会	認知症の人の尊厳を守り，住み慣れた地域で安心して暮らし続けられる社会の実現に向けて，認知症グループホーム事業の健全な発展と国民の福祉の増進に寄与することをめざしている。
公益財団法人 認知症予防財団	認知症介護に悩む方々を対象とした無料の電話相談「認知症110番」などを手がけている団体。認知症への誤解や偏見を取り除き，認知症になっても安心して暮らせる共生社会の実現をめざしている。
認知症に関するWebサイト	各団体や各自治体で開設する認知症に関するWebサイトが多数ある。認知症になっても本人と家族が安心して暮らせるまちづくりの実現に向け，認知症の基礎知識や相談窓口の紹介，実施している各種の研修会の情報，施策の検討状況，介護技術など幅広い内容を発信している。

介護・福祉にかかわる資格

資格名	内容	受験資格
介護職員初任者研修	介護士の入門資格。介護の知識やスキルを身につけることができる。	・特になし
介護福祉士実務者研修	介護職員初任者研修の上位資格。介護福祉士をめざす人には必須の資格。	・特になし
介護福祉士	介護現場のリーダー，介護利用者とその家族への相談員になる。	・介護福祉士実務者研修の修了 ・介護福祉士養成施設の卒業 ・3年以上の実務経験
認定介護福祉士	介護福祉士の上位資格。幅広い人に対し質の高いサービスを提供する。5年ごとに研修を受講し，認定更新をしなければいけない。	・介護福祉士の資格取得後5年以上の実務経験 ・介護職員に対する100時間以上の研修歴 など
喀痰吸引等研修	介護職員が「痰の吸引」や「経管栄養」の医療行為をすることができる。	・介護施設での実務経験
ケアマネジャー（介護支援専門員）	介護利用者のケアプランを作成し，適切なサービスを受けられるようサービス事業者や自治体と利用者をつなぐ調整を行う。	・医療・介護分野の国家資格を取得してから5年以上の実務経験 ・介護施設，福祉施設などで相談援助業務での5年以上の実務経験
認知症介護基礎研修	認知症介護の入門資格。認知症介護従事者は取得が義務づけられている。	・認知症介護施設・事業所に勤務
認知症介護実践者研修	認知症介護基礎研修の上位資格。認知症施設やグループホームの管理者には取得が義務付けられている。	・認知症介護施設での2年以上の実務経験
認知症介護実践リーダー研修	認知症介護施設・事業所でリーダーとして働き，質の高い認知症介護を行うための方策を考え実施する。	・認知症介護施設での5年以上の実務経験 ・認知症介護実践者研修を修了して1年以上の実務経験
認知症ケア専門士	認知症ケアのプロとして，専門知識と高いスキルを持って介護現場で働くことができる。5年ごとに資格更新申請が必要。	・認知症ケアにかかわる3年以上の実務経験
重度訪問介護従事者養成研修	常時介護が必要な重度障がい者に特化した介護の知識やスキルを身につけ，サービスを提供する。	・特になし
難病患者等ホームヘルパー	難病や特定疾患を持つ在宅医療者に対する知識やスキルを身につけ，適切なサポートを行う。	・介護職員初任者研修以上の資格の修了 ※所有する資格によって異なる。
福祉住環境コーディネーター	福祉や建築に関する知識を身につけ，高齢者や障がい者が住みやすい住環境を提案する。	・特になし

資格名	内容	受験資格
福祉用具専門相談員	福祉用具に関する専門的な知識を用いて，介護利用者の状態・状況に合わせて最適な福祉用具の選定を行う。	・特になし
ガイドヘルパー（移動介護従事者）	障害者総合支援法にもとづき，視覚障害者，知的障害者などの安全な外出を支援・サポートする。	・特になし ※自治体により受験資格が異なる。
レクリエーション介護士	レクリエーションの知識やスキルにより，高齢者の社会交流だけでなく，認知症予防などにもつなげる活動を行うことができる。	・特になし
介護予防運動指導員	介護予防に関する専門的な知識とスキルをいかし，高齢者が要介護状態に陥らないよう運動やトレーニングの指導を行う。	・初任者研修，実務者研修修了者で2年以上の実務経験 ・介護・医療分野の国家資格取得（取得見込み含む）
介護事務管理士	介護報酬請求業務や介護に要する費用についての知識を身につけ，ケアプランを考えるケアマネジャーをサポートする。	・特になし
サービス提供責任者	訪問介護サービスの計画立案・介護ヘルパーへの指示・指導など，訪問介護のリーダーとしての知識・スキルを身に付ける。	・介護福祉士，初任者研修，実務者研修のいずれかの修了 ・3年以上の実務経験
社会福祉士	福祉関係の中の最上位資格の一つ。専門性の高い知識や相談援助のスキルを用いて支援を行う。	※受験資格は多岐にわたる。
精神保健福祉士	社会福祉業務に携わる精神保健福祉領域の国家資格。精神障害者に対するサポートや相談援助などを行う。	※受験資格は多岐にわたる。
理学療法士	運動療法や物理療法を用いて対象者が自立した日常生活を送り，社会復帰ができるようサポートを行う。	・理学療法士養成施設での3年以上の学習
作業療法士	作業を中心としたリハビリテーションにより，日常生活動作から社会的適応能力を身につけるためのサポートを行う。	・作業療法士育成施設での3年以上の学習
看護師	医療現場を中心に医師をはじめとしたさまざまな立場の人と連携し，患者の心身のケアやサポートを行う。	※受験資格は多岐にわたる。

□は国家資格。受験資格は変更されることがある。

からだの部位

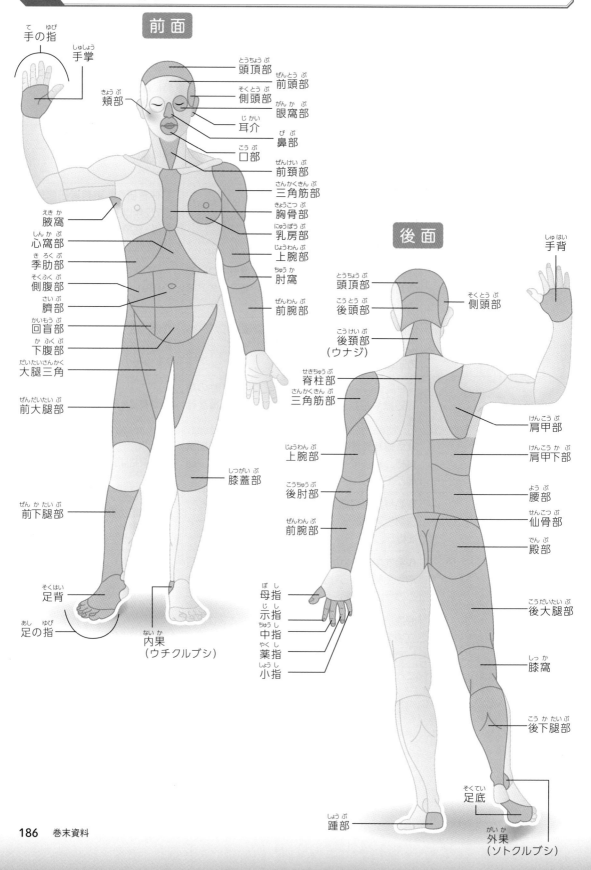

前面

手の指（てゆび）
手掌（しゅしょう）
頬部（きょうぶ）

頭頂部（とうちょうぶ）
前頭部（ぜんとうぶ）
側頭部（そくとうぶ）
眼窩部（がんかぶ）
耳介（じかい）
鼻部（びぶ）
口部（こうぶ）
前頚部（ぜんけいぶ）
三角筋部（さんかくきんぶ）
胸骨部（きょうこつぶ）
乳房部（にゅうぼうぶ）
上腕部（じょうわんぶ）
肘窩（ちゅうか）
前腕部（ぜんわんぶ）

腋窩（えきか）
心窩部（しんかぶ）
季肋部（きろくぶ）
側腹部（そくふくぶ）
臍部（さいぶ）
回盲部（かいもうぶ）
下腹部（かふくぶ）
大腿三角（だいたいさんかく）
前大腿部（ぜんだいたいぶ）

膝蓋部（しつがいぶ）

前下腿部（ぜんかたいぶ）

足背（そくはい）
足の指（あしゆび）
内果（ないか）（ウチクルブシ）

後面

頭頂部（とうちょうぶ）
後頭部（こうとうぶ）
側頭部（そくとうぶ）
後頚部（こうけいぶ）（ウナジ）
脊柱部（せきちゅうぶ）
三角筋部（さんかくきんぶ）
上腕部（じょうわんぶ）
後肘部（こうちゅうぶ）
前腕部（ぜんわんぶ）

手背（しゅはい）
肩甲部（けんこうぶ）
肩甲下部（けんこうかぶ）
腰部（ようぶ）
仙骨部（せんこつぶ）
殿部（でんぶ）
後大腿部（こうだいたいぶ）
膝窩（しっか）
後下腿部（こうかたいぶ）

母指（ぼし）
示指（じし）
中指（ちゅうし）
薬指（やくし）
小指（しょうし）

足底（そくてい）
踵部（しょうぶ）
外果（がいか）（ソトクルブシ）

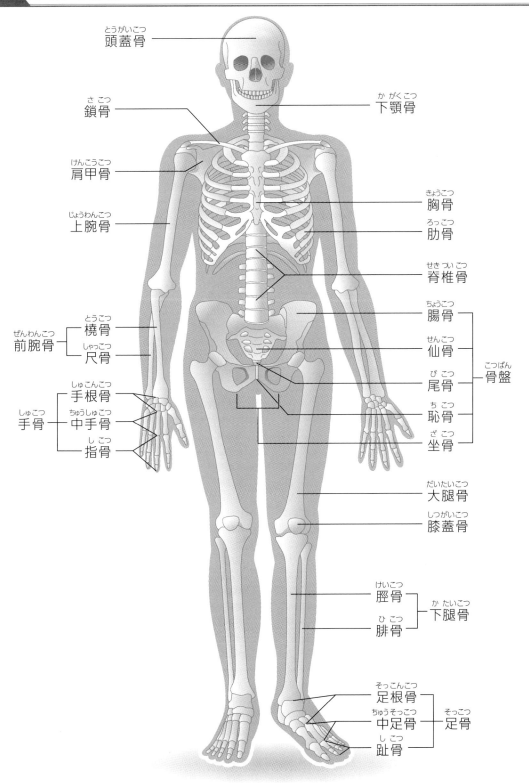

とうがいこつ
頭蓋骨

さ こつ
鎖骨

か がくこつ
下顎骨

けんこうこつ
肩甲骨

じょうわんこつ
上腕骨

きょうこつ
胸骨

ろっこつ
肋骨

せきついこつ
脊椎骨

ちょうこつ
腸骨

ぜんわんこつ
前腕骨

とうこつ
橈骨

しゃっこつ
尺骨

せんこつ
仙骨

び こつ
尾骨

こつばん
骨盤

しゅこんこつ
手根骨

ちゅうしゅこつ
中手骨

し こつ
指骨

しゅこつ
手骨

ち こつ
恥骨

ざ こつ
坐骨

だいたいこつ
大腿骨

しつがいこつ
膝蓋骨

けいこつ
脛骨

か たいこつ
下腿骨

ひ こつ
腓骨

そっこんこつ
足根骨

ちゅうそっこつ
中足骨

そっこつ
足骨

し こつ
趾骨

さくいん

■監修・執筆

東京学芸大学名誉教授
直井道子

■執筆

白梅学園大学准教授
介護福祉士・介護支援専門員・社会福祉士・精神保健福祉士
午頭潤子

埼玉県立大学准教授
介護福祉士・看護師
鳰末憲子

淑徳大学教授
下山昭夫

東京都立大学教授
社会福祉士・看護師・専門社会調査士
杉原陽子

国際医療福祉大学教授
保健師・看護師
松永洋子

白梅学園大学教授
介護福祉士・社会福祉士
森山千賀子

東京都立大学教授
和気純子

■執筆・編修

茨城県立水戸第三高等学校教諭
小田川美由紀

北海道羅臼高等学校教諭
川口恵未

茨城県立結城第二高等学校長
萩原明子

東京都立拝島高等学校教諭
細谷科子

実教出版株式会社

写真提供・協力── RT.ワークス(株)　ALSOK介護(株)　(一社)日本介護支援専門員協会　(一社)日本作業療法士協会　(一社)日本パラバドミントン連盟　(一社)日本フランチャイズチェーン協会　(一社)日本ユマニチュード学会　WHILL(株)　NPO法人　伊勢志摩バリアフリーツアーセンター　NPO法人多世代交流館になニーナ　NPO法人日本成人病予防協会　オイシックス・ラ・大地(株)　オムロン ヘルスケア(株)　花王(株)　(株)イノフィス　(株)エー・アンド・デイ　(株)共同通信イメージズ　(株)キングジム　(株)ケンユー　(株)すかいらーくホールディングス　(株)総合サービス　(株)竹虎　(株)マーナ　(株)ムトウ　(株)レッツ・コーポレーション　関東鉄道(株)　キリンホールディングス(株)　(公財)横浜市老人クラブ連合会　コミュニティホーム長者の森　斉藤工業(株)　CYBERDYNE(株)　酒田南高等学校　首都圏新都市鉄道(株)　東海光学(株)　東海旅客鉄道(株)　東京消防庁　錦町　日進医療器(株)　日本介護システム(株)　日本ホームヘルパー協会　ノーリツプレシジョン(株)　ピクスタ(株)　ピジョン(株)　福岡市　富士電機(株)　フランスベッド(株)　文京区　文京区社会福祉協議会　マッスル(株)　三菱電機(株)　Miyabow　横浜市中区老人クラブ連合会　リオネット補聴器　リンクス(株)

表紙デザイン──(株)ウエイド
本文基本デザイン──広研印刷(株)
見返し・口絵デザイン──アトリエ小びん

QRコードは(株)デンソーウェーブの登録商標です。
福祉住環境コーディネーターは東京商工会議所の登録商標です。

生活と福祉

ⓒ 著作者　直井道子
　　　　　ほか12名（別記）
●発行者　実教出版株式会社
　　　　　代表者　小田良次
　　　　　東京都千代田区五番町5

●印刷者　広研印刷株式会社
　　　　　代表者　前川　光
　　　　　東京都豊島区高田 3-3-16
●発行所　実教出版株式会社
　　　　　〒102-8377 東京都千代田区五番町5
　　　　　電話〈営業〉(03)3238-7777
　　　　　　　〈編修〉(03)3238-7723
　　　　　　　〈総務〉(03)3238-7700
　　　　　https://www.jikkyo.co.jp/

002402024　　　　　　　　　　　　　　　　　ISBN978-4-407-36302-9

手話を始めてみよう

指文字

あ	い	う	え	お
か	き	く	け	こ
さ	し	す	せ	そ
た	ち	つ	て	と
な	に	ぬ	ね	の
は	ひ	ふ	へ	ほ
ま	み	む	め	も
や	ゆ	よ	濁音 例：ぎ	半濁音 例：ぽ
ら	り	る	れ	ろ
わ	を	ん	促音 例：っ	長音

数の表現

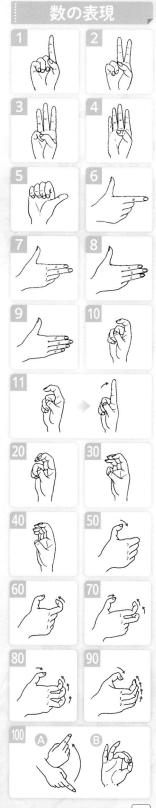

1	2
3	4
5	6
7	8
9	10
11	
20	30
40	50
60	70
80	90
100	Ⓐ Ⓑ

手話の基本

手話は，聴覚障害者どうし，または，健聴者とのコミュニケーションをはかるための，表情や身振り動作，手の動きなどによって表現する身振り言語です。左ききの人は，鏡に映すように左右を入れかえて表現します。

男

親指を立てる

女

小指を立てる

日曜日

人さし指をくちびるにそって動かし　左手のひらに右こぶしをのせる

月曜日

2指で三日月をあらわす

私

人さし指で鼻を示す

あなた

人さし指で相手を示す

兄
中指を立てて上へ上げる

弟
中指を立てて下へおろす

妹
小指を立てて下へおろす

水曜日

上に向けた手のひらを左胸から右下へ動かす

木曜日

両手2指をくり，上へ上げらあいだを

おはよう

右こぶしをこめかみにあて　素早く下へおろして　頭をさげる

こんにちは
両手の人さし指を向かい合わせて指先を曲げる

お久しぶりです
胸の前にそえた両手をはなす

はじめまして

下に向けた手を上へ上げながら人さし指を立て　人さし指を両手を胸向かい合

寝る

右こぶしをこめかみにあてる

起きる

右こぶしをこめかみにあて　素早く下へおろす

おやすみなさい

右こぶしをこめかみにあて　頭をさげる

今週

両手のひらを押さえつけるように出し　「7」の右手を描く

目が　さめる

目をさし示す　静かに指先をあわせながらおろした手を　目の前で開く

はい

右こぶしを前に2回たおす

いいえ
こぶしにした右手首を左右にひねる

おめでとう

つまんだ両手を下から上へ上げながら開く

ありがとう

左手甲に直せた右手を上げる

熱い

指先を下にした右手を素早く上げる

冷たい

指先を下にした右手を素早く上げ　口もとで両手をもむ

悲しい

2指をつまみ，目から下へおろす

泣く

泣くしぐさをする

苦しい

指先を曲げて胸に円を描く

悔しい
指を折り曲げ　手で胸をぬるように